Diana Güntner

Segensfeiern mit Kindern

Vorschläge für Kindergarten und Gemeinde

FREIBURG · BASEL · WIEN

Alle Rechte vorbehalten – Printed in Germany
© Verlag Herder Freiburg im Breisgau 2005
www.herder.de

Die Bibeltexte sind entnommen aus:
Einheitsübersetzung der Heiligen Schrift
© 1980 Katholische Bibelanstalt, Stuttgart

Umschlaggestaltung: Finken & Bumiller
Titelbild: © Getty Images
Die Zeichnungen im Innenteil haben Sophia Güntner (6 Jahre)
und Teresa Güntner (8 Jahre) beigesteuert.

Herstellung: fgb · freiburger graphische betriebe
www.fgb.de

Gedruckt auf umweltfreundlichem,
chlorfrei gebleichtem Papier
ISBN 3-451-28588-6

»Alle Leut', alle Leut' geh'n jetzt nach Haus. Tschü-üs!«

Winkend verabschieden sich die Mütter, Väter und Kinder der Kleinkinderspielgruppe voneinander. Kaum jemand wird wohl in dem »Tschüs« einen Segenswunsch vermuten. Und doch: Im norddeutschen »Tschüs« oder »Tschö«, wie auch im fränkischen »Ade« steckt bis zur Unkenntlichkeit verkürzt das lateinische »ad deum«, zu Deutsch »Gott befohlen«. Ein ähnlicher Segenswunsch, das »Behüt dich Gott«, verbirgt auch das bayrische »Pfiad di Gott«.

Segenssprüche auf Postkarten, in Kalendern und Geschenkbüchern erfreuen sich großer Beliebtheit ebenso wie die Segensfeiern und Segensriten der Kirche: die Segnung der Kinder zur Einschulung oder an Weihnachten, die Segnung der Speisen, des Adventskranzes oder der Haussegen am Dreikönigstag. Segen und Segnungen sind vielen Menschen wieder wichtig geworden.

Segen – das ist das Gute, das Gott uns schenkt. Segnungen und Segensfeiern machen den breiten Segensstrom sichtbar. Sie öffnen den Moment und die Gegenwart für den Segen Gottes. Sie schließen das Hier und Heute auf und machen es für den Segen durchlässig. Damit antworten Segnungen und Segensfeiern auf ein tiefes und elementares Bedürfnis aller Menschen und im Besonderen kleiner Kinder.

Die Modelle dieses Buches wollen helfen, Segensfeiern für die religiöse Erziehung und Kinderpastoral zu entdecken. Es richtet sich an Mitarbeiter und Mitarbeiterinnen im Kindergarten und in der Pfarrgemeinde. Ich danke den Kindern, den Mitarbeitern und Mitarbeiterinnen der Pfarreiengemeinschaft Penzberg und des katholischen Kindergartens St. Raphael. Sie haben die Segensfeiern mit ihrer Freude geprägt.

Penzberg, am Erntedankfest 2004
Diana Güntner

INHALT

In Gottes Hand geborgen

»Ich weiß, wie das geht!« – Segen und religiöse Erziehung 11
Lebenskraft und Gottesnähe – Segen in der Bibel 13
»Man sieht nur mit dem Herzen gut,
das Wesentliche ist für die Augen unsichtbar.« –
Segen in der Theologie 15
»Ich brauche keine Segensfeier zur Hauseinweihung,
weil ich schon gesegnet bin.« – Acht Gründe für Segnungen 17
Segen feiern – Segnen in der Praxis 19
Zu den Segensfeiern in diesem Buch 25

Segensfeiern im Jahreskreis

»Wann endlich Sommer werd?« 29
    Segensfeier zum Nikolaustag 31
    Segnung der Kinder zur Weihnachtszeit 37
    Dreikönigssegen 42
    Feier mit Tauferinnerung 48
    Mai- und Wiesenandacht mit Gräser- und Blumensegnung 55

Leben braucht Segen: Segensfeiern zu biographischen Anlässen

»Wann komme ich in die Schule?« 65
    Haussegnungsfeier 68
    Segensfeier anlässlich der Geburt eines Geschwisterkindes 86
    Segensfeier anlässlich der Verabschiedung von Gruppenleitern 98
    Segensfeier anlässlich der Verabschiedung der Vorschulkinder 108
    Segensfeier zur Einschulung 117

Osterzeit ist Segenszeit:
Segensfeiern an den Sonntagen der Osterzeit

»*Den Gottesdienst feiern wir nach Ostern, am Montag
nach den Osterferien.*« 127
Die Gottesdienste in der Osterzeit 131

Mit Freude gesegnet	3. Sonntag in der Osterzeit	136
Mit Geborgenheit gesegnet	4. Sonntag in der Osterzeit	146
Mit Liebe gesegnet	5. Sonntag in der Osterzeit	152
Mit Frieden gesegnet	6. Sonntag in der Osterzeit	159
Mit dem Namen Gottes gesegnet	7. Sonntag in der Osterzeit	168
Mit dem Heiligen Geist gesegnet	Pfingstsonntag	179

Register der verwendeten Bibelstellen 187

In Gottes Hand geborgen

»Die Sehnsucht des Kindes nach Liebe bedeutet weniger einen Mangel, der seinen Ausgleich sucht, sondern sie bedeutet vielmehr eine Fülle, die ihr Gegenüber sucht.« *(Sofia Cavalletti)*

»Ich weiß, wie das geht!« – Segen und religiöse Erziehung

Die fünfjährige Sophia taucht den Finger in das Weihwasserbecken und führt ihn zögernd zur Stirn, dann zur Brust, schließlich – mit fragendem Blick zur Mutter – zur rechten Schulter. »Zuerst die andere Schulter!« Schnell huscht der Finger zur linken, dann, wieder langsamer, zurück zur rechten Schulter. Das Mädchen kichert verlegen. Das Ritual wiederholt sich bei jedem Kirchengang. Sophia ist nicht das einzige Kind, dem diese erste Station beim Betreten der Kirche wichtig ist. Für viele Kinder ist das Weihwasserbecken ein Anziehungspunkt, ebenso wie der Opferstock mit seinen vielen Kerzen.

Rituale sind in der Erziehung, auch in der religiösen Erziehung der Kinder wieder wichtig geworden. Sie vermitteln Sicherheit und bieten Handlungsmöglichkeiten an. Schließlich entsprechen sie der kindlichen Spiritualität, die sich mehr im aktiven Tun als in Worten ausdrückt.

In den letzten Jahrzehnten sind zahlreiche pädagogische Konzepte für religiöse Erziehung entwickelt worden. Bei allen Unterschieden stimmen sie in einer Überzeugung überein: Religiöse Erziehung bedeutet nicht die mechanische Übermittlung religiöser Grundkenntnisse. Wer Kinder auf dem Weg ihrer religiösen Entwicklung begleitet, der darf nicht auf Merksätze und Lehrformeln zurückgreifen, sondern muss auf die elementaren Bedürfnisse der Kinder eingehen. Kinder haben in den ersten Lebensjahren ein starkes Interesse an religiösen Fragen, Geschichten, Räumen, Gesten und Bildern. Dabei ist das Kind in dieser Phase kein leeres Gefäß, das mit Religion gefüllt werden will, sondern es ist von Anfang an eine eigenständige Persönlichkeit, die von sich aus in einem religiösen Bezug lebt. Die

Montessori- und Religionspädagogin Sofia Cavalletti erkennt diesen Grundbezug in der Sehnsucht des Kindes nach Liebe. Sie stellt fest: »Die religiöse Erfahrung, in der Liebe zum Ausdruck kommt, entspricht der Natur des Kindes in besonderer Weise.«

Bereits bei einem oberflächlichen Blick auf die verschiedenen religionspädagogischen Konzepte werden einzelne Stichworte dieser »religiösen Erfahrung, in der Liebe zum Ausdruck kommt«, sichtbar: Vertrauen, Lebensbejahung, Beziehungsfähigkeit, Leben in dauerhaften und tragfähigen Beziehungsstrukturen, Hoffnung und Grundvertrauen.

Für all diese pädagogischen Stichworte kennt die religiöse Sprache ein umfassendes Wort: *Segen*

Segnungen sind ist keine religiösen Elemente, die wie Fremdkörper von außen zur religiösen Erziehung dazukommen, sondern im Gegenteil: Im Segen, in Segenshandlungen und Segensfeiern verdichten und bündeln sich Ziele und Anliegen der Religionspädagogik.

Segnen und gesegnet werden: Das sind elementare religiöse Erfahrungen und Handlungen, in denen Kinder Zuwendung und Vertrauen, verlässliche Beziehung und Anerkennung erfahren sowie Lebensbejahung und Hoffnung schöpfen können.

Lebenskraft und Gottesnähe – Segen in der Bibel

Die Schöpfung der Welt und die Geschichte des Menschen beginnen in der Bibel mit einem Segen. An dem Tag, als er den Menschen schuf, segnete er ihn:

Gott segnete sie (Mann und Frau) und Gott sprach zu ihnen: Seid fruchtbar und vermehrt euch, bevölkert die Erde. (Gen 1,28)

Der Segen ist die Quelle der Lebenskraft, in der naturhaftes Leben und menschliches Leben entsteht und wachsen kann. In ihm finden Menschen Glück und Freude, sie schöpfen aus ihm ihre Lebendigkeit, ihren Lebensmut und ihren Sinn für das Gute und Gerechte. Wo der Segen Gottes wirksam ist, dort herrscht Frieden:

Der Herr segne sein Volk mit Frieden. (Ps 29,11)

Dieser Segen prägt das Bild, das die Bibel von Gott zeichnet: Er zeigt Gott als jemanden, der bereit ist, das Seinige dafür zu tun, dass Leben alle Chancen hat, die es braucht.

Die Bibel erzählt die Geschichte der Menschen als eine Geschichte mit ihrem Gott. In vielen Bildern und mit wechselnden Protagonisten zeichnet sie das Auf und Ab dieser Geschichte nach. Gott ergreift immer wieder die Initiative und schließt mehrfach seinen Bund mit den Menschen. Exemplarisch ist der Bund mit Abraham:

Der Herr sprach zu Abram: ... Ich werde dich zu einem großen Volk machen, dich segnen und deinen Namen groß machen. (Gen 12,2)

Der Bund ist Ausdruck des Segens, der von Gott ausgeht. Er steht für ein Leben in Frieden und Gerechtigkeit, in Sicherheit und Geborgenheit. In Jesus Christus bekommt der Segen Gottes ein Gesicht und einen Namen:

Er hat uns mit allem Segen seines (Gottes) Geistes gesegnet. (Eph 1,3)

Dieser Segen schenkt den Menschen eine neue Möglichkeit: Sie können sich in Gottes Hand geborgen wissen, denn der Segen macht sie zu Kindern Gottes.

»Man sieht nur mit dem Herzen gut, das Wesentliche ist für die Augen unsichtbar« – Segen in der Theologie

Wer segnet, verströmt keine geheimnisvolle Energie, die ihm alles ohne Grenzen verfügbar macht. Das wäre Zauberei oder *Magie*, wie man sie eher bei Bibi Blocksberg oder der Hexe Lilli findet.

Was bei diesen fiktiven Heldinnen so liebenswert erzählt wird, hat in vielen religiösen Erscheinungen eine ernste Realität. In Religionen oder auch im Aberglauben gibt es magische Rituale. Sie sind nur Eingeweihten anvertraut und verhelfen diesen dazu, Macht über die Kräfte der Natur oder eine Gottheit zu erlangen.

Segnen ist im Vergleich dazu etwas völlig anderes. Die Person oder der Gegenstand, über den der Segen gesprochen wird, wird nicht wie eine Batterie mit heiliger Macht aufgeladen, sondern in besonderer Weise in den Blick genommen.

»Man sieht nur mit dem Herzen gut, das Wesentliche ist für die Augen unsichtbar« lässt Antoine de Saint-Exupéry den Kleinen Prinz sagen. Bei der Segnung heißt das: Wer segnet und gesegnet wird, sieht mit seinem religiösen Herzen. Er sieht, dass diese Person oder dieser Gegenstand von Gott geliebt und gehalten ist. Wer segnet und gesegnet wird, der erkennt die Welt und die Menschen in dem, was sie »im Innersten zusammenhält«: Er sieht die Welt, wie sie in dem Segensstrom, der von Gott kommt, verwoben ist, wie sie darin Halt findet und ihre Lebendigkeit gewinnt. Wenn Menschen segnen, kommt keine neue Kraft oder Energie dazu, sondern es wird das wahrgenommen, was bereits verborgen da und wirksam ist.

Das deutsche Wort *segnen* leitet sich vom lateinischen *signare* her. *Signare* heißt »bezeichnen«. Gottes Segen kommt und entfaltet kraftvoll sein Heil, wenn er als solcher bezeichnet wird.

Wer mit dem Herzen sieht oder wem in das Herz geschaut wurde, der bleibt nicht derselbe: Er kann das entdecken, was in ihm und um ihn herum schlummert oder versteckt ist. Er kann sich und seine Welt unter dem Vorzeichen des Segens neu wahrnehmen. Er kann sein Leben erneuern und sich selbst in den Segensstrom hinein ausrichten.

»Ich brauche keine Segensfeier zur Hauseinweihung, weil ich schon gesegnet.«
– Acht Gründe für Segnungen

Diese Aussage der achtjährigen Teresa kann weder bestritten noch widerlegt werden. Das Leben eines jeden Menschen steht schon im Segensstrom, der von Gott ausgeht, und als Christen leben Menschen ihr Leben im Segen der Taufe.
Warum trotzdem segnen oder Segen feiern? Acht Gründe, die dafür sprechen:

- *Segnungen bauen auf.* Wenn Menschen gesegnet werden, erfahren sie Zuwendung und Zuspruch. Sie erleben Wertschätzung und Annahme, Fürsorge und Geborgenheit. Die Segnung kann Freude stiften und neuen Mut geben. Wer gesegnet wird, erfährt sich selbst in seiner Identität als Christ und als geliebtes Kind Gottes.
- *Segnungen haben einen vielfältigen und konkreten Lebensbezug.* Bei ihnen geht es um den Einzelfall: Es geht um wirkliche Menschen in realen Lebenssituationen. In der Segnung kann der Mensch wie in keiner anderen Form sein Leben und seine Anliegen ausdrücken und vor Gott bringen.
- *Segnungen setzen erfahrbare Zeichen.* Eine Segnung ist immer mit einer zeichenhaften Handlung verbunden. Diese Zeichen geben dem Glauben eine Bewegung, sie machen Glauben sichtbar und erfahrbar. Dabei behalten die Zeichen über die Altersgrenzen hinweg ihre Aussagekraft, sodass sich sowohl Kinder als auch Erwachsene in ihnen wieder finden können.
- Es bereitet *Freude*, an der Zeichenhandlung der Segnung mitzuwirken. Kinder wollen nicht nur beiwohnen und zuschauen, sondern aktiv mitmachen.

- *Segnungen vermitteln religiöse Ausdrucksfähigkeit.* Die Segensgesten sind Teil des religiösen Alphabets, durch das Menschen von ihrem Glauben erfahren, ihren Glauben ausdrücken und anderen mitteilen. Die Segensgesten sind wie Worte einer besonderen Sprache. Sie sollen leicht und unmittelbar verstehbar sein, damit der Einzelne sie übernehmen und zu seiner eigenen Glaubensprache machen kann.
- *Segnungen stiften Gemeinschaft und machen Gemeinschaft erfahrbar.* Wer gesegnet wird, erfährt Gemeinschaft mit Gott und Gemeinschaft mit Menschen. Das verbindende Band ist der Glaube und das Gebet. In einem bekannten Lied heißt es: »Wo Menschen sich verbinden, ... da berühren sich Himmel und Erde, dass Friede werde.« Wenn Menschen im Glauben und im Gebet zusammenkommen, dann kann die Geborgenheit des Segens spürbar, Zuwendung und Wertschätzung erlebt werden.
- *Segnungen halten auf.* Wenn sich die fünfjährige Sophia am Weihwasserbecken bekreuzigt, dann bleibt sie dort stehen. Segensgesten und Segensfeiern unterbrechen den normalen Lauf des Alltags. Sie geben Gelegenheit, innezuhalten, neue Kraft zu schöpfen und sich eines zu vergewissern: Ich darf mich bergen in Gottes Hand.

Segen feiern – Segnen in der Praxis

Es gibt nicht nur eine einzige Form des Segnens. Eine Segnung kann ohne Worte geschehen: im Bekreuzigen beim Betreten oder Verlassen des Kirchenraums, im Handauflegen beim Gute-Nacht-Ritual. Segnen kann durch ein einfaches Gebet mit entsprechender Geste vollzogen werden: beim Tischgebet oder in den Segensgebeten zum Abschluss des Gottesdienstes. Sogar der Gruß kann eine sehr verkürzte Form einer Segnung sein.

Hier soll der Blick auf die *Segensfeiern* gerichtet werden. Sie werden auch *Benediktionen* genannt. Die Segensfeiern setzen Segen und Segnen am deutlichsten und ausführlichsten um. Sie sind deswegen für die Praxis des Segnens modellhaft.

In der katholischen Kirche gibt es ein Buch der Segensfeiern, das *Benediktionale*. Darin sind 99 Segensfeiern gesammelt. Diese ungerade Zahl legt nahe, dass die Sammlung nicht nur erweitert werden darf, sondern dass sie auch erweitert werden soll, denn: Segensfeiern greifen zahlreiche, konkrete Lebenssituationen auf und stellen sie in den Horizont des Segens Gottes.

Der Aufbau der Segnung

Im Rahmen einer *Segensfeier* geschieht die Segnung in zwei Teilen. Diese zwei Teile stehen nicht einfach nebeneinander, sondern sie gehören untrennbar zusammen. Gemeint sind das Segensgebet und die entsprechende zeichenhafte Segenshandlung. Eine Segnung ist somit aufgebaut aus:
1. Segengebet
2. Segensgeste mit Segensbitte

Die Segensgeste

Dieser Aufbau macht deutlich: Die Segnung ist eine Gebets*handlung*. Zum gesprochenen Gebet gehört unbedingt eine *Handlung* dazu. In fast allen Segnungen wird ein *Kreuzzeichen* als Segensgeste vollzogen. Es ist das zentrale Zeichen des christlichen Glaubens. Das *Weihwasser* ist Zeichen des Lebens und der Reinigung. Es erinnert an die Taufe. Die *Handauflegung* macht in besonderer Weise die Bitte um Gottes Segen spürbar. Darüber hinaus gibt es noch *weitere Formen*, die Segen ausdrücken. Dieses Buch soll dazu beitragen, solche neue Formen zu entdecken.

Bei jeder Segensgeste treten der Segnende und der Gesegnete in eine besondere *Beziehung*. In ihr geschieht eine äußere Berührung, die Inneres anrührt. Dabei müssen für beide, für den Segnenden wie für den Gesegneten, Nähe und Distanz angemessen ausbalanciert werden. Zu große Nähe wird als peinlich empfunden und zu große Distanz wirkt abweisend. Die Berührung braucht eine Basis in der Begegnung der Teilnehmenden. Sie braucht einen gemeinsamen, bergenden Raum und Vertrauen. Beides kann der offene *Blickkontakt* zwischen dem Segnenden und dem Gesegneten herstellen. Der Blickkontakt sollte deswegen der Berührung vorausgehen und wenn möglich auch während der Segensgeste nicht abbrechen.

Das Segensgebet

Das *Segensgebet* hat einen besonderen Charakter. Es hat immer zwei Teile: Im ersten Teil ist es immer ein *Lob- und Dankgebet*. Erst in seinem zweiten Teil wird dann die *Bitte* formuliert.

- Wer segnet, spricht zuerst ein Lobgebet. Hinter diesem Aufbau des Segensgebets, steht eine grundlegende und nicht nur religiöse Einsicht: Dank und Lob sind der Wurzelboden jeder Bitte. Sie sind ihr Fundament. Das ist schnell nachvollziehbar: Man kann nur jemanden um etwas bitten, dem man erfahrungsgemäß zutraut, dass er erstens der Bitte entsprechen *kann* und dass er zweitens auch der Bitte entsprechen *will*. Der Dank knüpft an beidem, dem Vermögen und dem Willen, an, indem die Bitte in der gemeinsamen Geschichte und in den wichtigen Ursprungssituationen dieser Geschichte verankert. Im Dank geschieht *Erinnerung*: »Früher hat es sich mehrfach gezeigt, dass du das Gute ermöglichen kannst und ermöglichen willst. Wir loben dich dafür, denn heute noch leben und zehren wir von deinen Wohltaten.«

Den Wechselbezug zwischen Dank und Bitte machen auch die Wortbedeutungen deutlich: Das lateinische Wort für »segnen« heißt *benedicere*. Es entspricht dem griechischen *eulogein* und dem hebräischen *brk*. Alle diese Begriffe können etwas, was das Deutsche nicht kann. Sie haben eine Doppelbedeutung. Wenn nämlich Gott der Handelnde ist, dann bedeuten sie »segnen«, wenn der Mensch der Handelnde ist, dann bedeuten sie »loben«. In der Sprache wird die religiöse Erfahrung erkennbar: Der Segen, der von Gott kommt, entspricht dem Lobpreis der Menschen. Wo Menschen Gott loben, stellen sie sich in den Segensstrom Gottes.

- Die *Bitte* im zweiten Teil des Segensgebets richtet ihren Blick auf die Zukunft. Sie drückt eine Hoffnung, eine Sehnsucht oder ein Bedürfnis aus. Aus der Erinnerung an die gute Vergangenheit kann nun die Zukunft in der Bitte vorweggenommen werden: »Guter Gott, wir bitten dich ...«

Der Gesamtablauf

Segensfeiern haben einen einfachen und klaren *Aufbau*. Das Benediktionale stellt den Ablauf einer vollständigen Segensfeier vor:

1. Eröffnung mit Gesang
2. Eröffnung und Einführung
3. Eröffnungsgebet

4. SCHRIFTLESUNG
5. Antwortgesang
6. DEUTUNG

7. SEGNUNG
8. Fürbitten
9. Vaterunser

10. Entlassung

Bei diesem Ablauf fällt auf, dass die Segensfeier aus vier großen Teilen besteht:

I. Eröffnungsteil:	Elemente 1–3
II. Wortgottesdienst:	Elemente 4–6
III. Segnung:	Elemente 7–9
IV. Abschluss:	Element 10

- Die *Eröffnung* (Teil I) und der *Abschluss* (Teil IV) können unterschiedlich gestaltet sein. So kann beispielsweise zum Abschluss noch ein Lied gesungen werden oder das Lied bei der Eröffnung wegfallen.
- Beim Teil II, dem *Wortgottesdienst*, darf auf keinen Fall die *Lesung* aus der Schrift und eine angemessene *Deutung* und *Auslegung* der

Schriftstelle wegfallen. Deswegen sind diese zwei Elemente im Ablaufschema gesperrt gedruckt. Warum ist das so? Die Lesung aus der Schrift hat dieselbe Funktion, wie der Dank- und Lobteil des Segensgebets. Sie vergegenwärtigt den *Ursprung jeden Segens*: die segensreichen Taten Gottes, die seine Geschichte mit den Menschen prägen. Die Lesung aus der Schrift stellt den wichtigen und tragenden Bezug zu diesem Ursprung her. Jeder, der an einer Segnung teilnimmt, soll die Chance haben, sich dieses Ursprunges zu vergewissern, ihn zu vergegenwärtigen und ihn in seiner Bedeutung für sich zu erfassen.

- Der Teil III umfasst die Elemente der *Segnung* und zwei weitere Gebete: das Fürbittgebet und das Vaterunser. Beide Gebete können bei einer Segensfeier wegfallen.

Der/die Vorsteher/in einer Segensfeier

Wer leitet eine Segensfeier? Wer spricht das Segensgebet und vollzieht die Segensgeste? Für diese Fragen gibt es eine klare Regelung: »Aufgrund des allgemeinen oder besonderen Priestertums oder eines besondern Auftrages kann jeder Getaufte und Gefirmte segnen. Je mehr aber eine Segnung auf die Kirche als solche und auf ihre sakramentale Mitte bezogen ist, desto mehr ist sie den Trägern des Dienstamtes (Bischof, Priester, Diakon) zugeordnet.« (Benediktionale 18) Was heißt das?

Jeder darf im Rahmen seines Lebens- und Wirkungsbereiches segnen: die Eltern in der Familie, die Erzieherin in der Gruppe und die Kindergottesdienstleiterin im Kindergottesdienst. Erzieherin und Kindergottesdienstleiterin handeln aus ihrem Auftrag, ihrer »Beauftragung«, heraus: Beide sind pastorale Mitarbeiterinnen mit dem Auftrag der Kinderpastoral und der religiösen Erziehung. Je mehr die Segnung allerdings in den Raum der Pfarrgemeinde reicht, desto mehr ist sie dem Pfarrer vorbehalten.

Segen feiern – Segnen in der Praxis

Bei dieser Regelung gibt es Grauzonen und Ermessensspielräume, die unterschiedlich gehandhabt werden und die deswegen immer vor Ort geklärt werden müssen.

Klarheit schaffte die Kirchenleitung mit der Rahmenordnung für die Zusammenarbeit von Priestern, Diakonen und Laien im Bereich der Liturgie vom 8. Januar 1999. Sie trägt den Titel »Zum gemeinsamen Dienst berufen. Die Leitung gottesdienstlicher Feiern« und ist erhältlich in den bischöflichen Ordinariaten oder dem Sekretariat der Deutschen Bischofskonferenz (Kaiserstr. 163, 53113 Bonn; Tel.: 0228/ 103-205). Dort wird die Grundregel erläutert und einzelne Segensfeiern aufgezählt, mit deren Leitung Laien beauftragt werden können.

Zu den Segensfeiern in diesem Buch

Die Segensfeiern in diesem Buch können in der Pfarrgemeinde, im Kindergarten und in der Familie gefeiert werden.

Die verschiedenen Situationen, welche die Feiern aufgreifen, spiegeln die Vielfalt der möglichen Anlässe und der Zielgruppen wider. Diese Vielfalt deuten die breiten Einsatzmöglichkeiten der Segensfeiern an.

Zwei Segensfeiern sind modellhaft in andere Gottesdienstformen integriert:
- die Segnung der Kinder in einer sonntägliche Messfeier mit Beteiligung Erwachsener
- die Segnung am 7. Sonntag in der Osterzeit in eine Wortgottesfeier mit Beteiligung der Pfarrgemeinde

Die Modelle lassen zum Teil das Wesen der ursprünglichen Feier erkennen. Damit ist die Hoffnung verbunden, dass die Modelle eine kreative Übertragung auf andere Situationen und Gruppen anregen.

Zur *Grundausstattung* gehören in fast allen Modellen eine Jesuskerze und eine Bibel.

Bei der Beschreibung der Akteure wird durchgängig die weibliche Form verwendet. Mit dem Wort *Leiterin* sollen sich aber auch Männer angesprochen fühlen.

Bei den *Liedern* wurde der Originaltext zum Teil erheblich verändert. Das ist in der jeweiligen Einführung angemerkt.

Jedes Modell wird kurz eingeführt. Die Modelle des dritten Teils werden übergreifend vorgestellt. Nach dem *Titel* und kurzen Anregungen zum *Termin* geht es um *inhaltliche* Anmerkungen und *prakti-*

sche Hinweise für die Durchführung. Die Anmerkungen zum Inhalt wollen sichtbar machen, wie sich in den Feiern Liturgisches und (Religions-)Pädagogisches berühren und ineinander greifen. Sie machen die Verbindungen zwischen liturgischer Feier und kindlichem Erleben deutlich. Dadurch wollen sie einen Verständnisrahmen schaffen, der die kreative Aufnahme und Umsetzung der Modelle ermöglicht.

Segensfeiern im Jahreskreis

»Wann endlich Sommer werd?«

Der dreijährige Leonhard stellt diese Frage voller Sehnsucht. Kann er sich wirklich noch an den Sommer des letzten Jahres erinnern? Oder orientiert er sich einfach nur an den Gesprächen der Älteren über das Badengehen und leichte Sommerkleidung? Das Jahr ist für Kinder voller Erwartungen und Geheimnisse. Es ist geprägt von den wechselnden Jahreszeiten. Nicht nur Kinder erleben vor allem die Zeiten des Wechsels besonders intensiv. Die Jahreszeiten strukturieren den gleich bleibenden Strom der Zeit. Sie machen Anfänge und Übergänge erlebbar.

Die christlichen Feste sind eng mit diesen Jahreslauf verwoben. Ein Weihnachten ohne Schnee und ein Ostern ohne wärmende Frühlingssonne ist für viele ein Anlass zur Klage. Ursprünglich sind die Feste und ihre Termine aber nur zu einem geringen Teil jahreszeitlich bedingt. Die christlichen Feste spiegeln nicht die Natur und ihren Kreislauf, sondern Ereignisse aus der Geschichte, in denen sich Himmel und Erde berühren. Wird das vergessen, dann verwandeln sich diese geschichtlichen Feiern zu Jahreszeitenfesten: Weihnachten wird zum Winterfest und Ostern zum Frühlingsfest.

Feste und Feiern strukturieren Zeit. Die Feste mit einem geschichtlichen Inhalt prägen neben dem unmittelbaren Lauf des Jahres auch den Zeitstrom der Jahre. Geschichtliche Feste halten Erinnerungen wach. Diese Erinnerung hat weder mit Nostalgie und Romantik noch mit historischem Interesse etwas zu tun. Christliche Feste erinnern sich der Vergangenheit mit Blick auf die Gegenwart. Es sind Gedenkfeiern, die Vergangenes vergegenwärtigen, um sich in der Gegenwart zu orientieren und Zukunft zu gestalten.

Die christlichen Gedenkfeiern sind wie Fenster eines Hauses: Werden sie geöffnet, verändern sie das Innere, geben den Blick frei auf ein Leben jenseits des Hauses, sie lassen Licht und Wärme, Farben und Düfte, frische Luft und bewegenden Wind herein.

Die Erinnerung öffnet die Fenster und gibt den Blick auf eine Vision frei: eine Welt, in der Frieden und Gerechtigkeit, Solidarität und Wertschätzung, Vertrauen und Annahme eine echte Chance haben, in der Gott und sein Segen eine Rolle spielen. Diese Vision will Menschen bewegen und anstecken, Kindern will sie helfen, Vertrauen ins Leben zu finden, Erwachsene und Jugendliche in ihrer Verantwortung aufwecken und ermutigen.

Bei diesen Feiern kommen Menschen aus der Geschichte vor, die der Segen Gottes bewegt hat und die zum Segen für andere wurden. Die christlichen Feiern im Jahreskreis kennen keine geschichtslosen Fabelwesen. Osterhase und Weihnachtsmann machen zwar Spaß, Wege zu einem Leben in Vertrauen und Bejahung können sie allerdings nicht zeigen.

Segensfeiern greifen die Vision einer menschlichen Welt auf und setzen sie spürbar um. In der segnenden Begegnung werden Annahme und Wertschätzung nicht nur mitgeteilt, sondern unmittelbar erfahren.

SEGENSFEIER
ZUM NIKOLAUSTAG

Der Gottesdienst kann am 6. Dezember oder an einem der folgenden Tage gefeiert werden. Es ist gut, wenn mit den Kindern bereits eine Legende über Nikolaus erarbeitet worden ist.

Der Nikolaustag ist für Kinder ein Höhepunkt der vorweihnachtlichen Zeit. Die Kinder erwarten ihn bereits Tage vorher und erinnern sich noch lange an ihn. In vielen Kindergartengruppen und Familien geschehen Vorbereitungen. Die Kinder hören Geschichten über den Nikolaus, sie singen Lieder und fertigen Bastelarbeiten an. Am Vorabend oder am Tag selbst kommt der Nikolaus zu den Kindern in die Familie oder Gruppe.

Wie alle Feste im Advents- und Weihnachtsfestkreis ist der Nikolaustag sehr stark vom Brauchtum geprägt. Über die Jahrhunderte hinweg wurde die Geschichte des Bischofs aus Myra immer weiter ausgeschmückt, dämonische Begleiter gesellten sich zu ihm, er wurde zur moralischen Erziehungsinstanz. In jüngster Zeit verschmilzt er mit der mythischen Gestalt des Weihnachtsmannes, der im hohen Norden mit seinen Wichtelmännern lebt und mit einem Rentierschlitten unterwegs ist.

Diese Einflüsse verändern und verdecken das ursprüngliche Profil des Gedenktages. Das ist zu bedauern, denn der eigentliche Sinngehalt des Nikolaustages bedeutet für Kinder eine tröstende und ermutigende Botschaft. In den Legenden können die Kinder noch

Segensfeier zum Nikolaustag

 den Heiligen entdecken, der sich kompromisslos für Kinder einsetzt. Nicht der erhobene Zeigefinger prägt auf alten Ikonen das Profil des Heiligen, sondern der aufmerksame Blick. Diesem Blick bleibt kein Unrecht und keine Not verborgen. Die »Sünden« und »Verfehlungen« kleiner Kinder sieht er nicht an.

Ausgestattet mit Bischofsmitra und Bischofsstab, mit Bibel (das goldene Buch) und weißer Stola, auf der deutlich ein Kreuz zu sehen ist, wird Nikolaus zum Bild für den Bischof schlechthin. Er ist der Oberhirte seiner Gemeinde im heute türkischen Myra. Dort erfüllt er seine Aufgabe im Geist und Auftrag Jesu Christi. In Nikolaus schimmert immer wieder das Profil des eigentlichen, des »Guten Hirten« durch. In ihm ist Christus lebendig. An ihm wird für Kinder wie für Erwachsene sichtbar, was Christsein bedeutet: für die Kinder, sich in der Obhut des Guten Hirten beschützt und geborgen zu wissen, und für Erwachsene, sich an ihm ein Beispiel im Kampf gegen Unrecht, Not und Gewalt zu nehmen.

Benötigt werden:
- ein oder zwei Gegenstände aus der Erarbeitung der jeweiligen Legende
- ein großes violettfarbenes Tuch
- ein schöner, großer Bischofstab
- eine Kinderbibel, in der ein Bild zur Kindersegnung (Mk 10,13–16) ist

Die Kinder sitzen im Stuhlkreis. In der Mitte liegt das violettfarbene Tuch, darüber diagonal der Bischofsstab, die Zeichen der Kinderkirche (Jesuskerze, Bibel, Kreuz) und die Gegenstände aus der Erarbeitung der Legende.

Das Lied wird nur im Kehrvers gesungen. Für die Segensfeier wurde der Originaltext zum Teil verändert.

ERÖFFNUNG UND BEGRÜSSUNG

Ich begrüße euch zu unserem Gottesdienst. Wir wollen uns (noch einmal) an den heiligen Nikolaus erinnern. Wir wollen ihn feiern und Gott danken, dass er einmal gelebt hat und dass wir von ihm hören können. Wir beginnen mit dem Kreuzzeichen der Kinderkirche:

Lieber Gott, ich denk an dich,
Alle machen ein kleines Kreuzzeichen auf die Stirn,
ich sprech' von dir,
auf dem Mund
ich liebe dich,
und auf das Herz.
lieber Gott, beschütze mich.

KEHRVERS

Ich habe euch ein Lied mitgebracht. In dem Lied heißt es:
Du bist uns nah, Bischof von Myra.

Die Leiterin spricht zuerst den Text, singt es vor und ermuntert dann alle mitzusingen. Gegebenenfalls erklärt sie das Wort »Myra«.

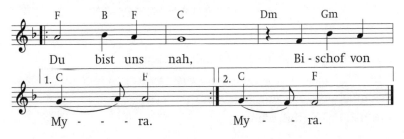

Refrain des Liedes: Lang ist die Zeit
T: Wilhelm Wilms   M: Klaus Gräske
aus: Religionspädagogische Praxis, Religionspädagogische Arbeitshilfen,
Jhg. 2001, Nr. IV, S. 29. »Mit Jesus das Kreuz tragen« © RPA-Verlag, Landshut

Segensfeier zum Nikolaustag

HINFÜHRUNG

Die Leiterin weist auf den Bischofstab in der Mitte des Stuhlkreises und regt ein kurzes Gespräch darüber an.

Was liegt hier in unserer Mitte?
KINDER: Ein Bischofstab, der Stab des Nikolaus.
Wie schaut dieser Stab aus? Wer hat noch einen solchen Stab?
KINDER: Das ist ein Hirtenstab.

Die Leiterin wiederholt den Text des Kehrverses. Anschließend spricht sie den neuen Text und singt die neue Strophe vor. Dann lädt sie die Kinder ein, den Liedruf mit dem veränderten Text zu singen

Du bist uns nah, Bischof von Myra.
Du bist der Hirte, Bischof von Myra.

Die Leiterin regt die Kinder an, anhand der Gegenstände in der Mitte vom heiligen Nikolaus zu erzählen. Dabei deutet sie immer wieder das Verhalten des Bischofs als das Verhalten eines Hirten (»Wie ein Hirte sieht Nikolaus die Not ...«). Dazu kann der Kehrvers »Du bist der Hirte, Bischof von Myra« öfter wiederholt werden.

Wenn die Kinder ihre Erzählung beendet haben, geht die Leiterin zum Bischofsstab und stellt ihn auf.

Das ist der Stab des Hirten. Wir haben gehört:
Nikolaus war immer wie ein guter Hirte zu den Menschen.
Schaut einmal den Stab genau an.
KINDER: Er ist groß, schön ...
Der Stab zeigt uns die Stärke des Hirten.
Der Bischof Nikolaus ist ein starker Hirte.
Keiner braucht sich fürchten, denn Nikolaus schaut auf ihn.

GEBET

Guter Gott,
du schenkst uns den Bischof von Myra.
Die Menschen spüren, er ist ihnen nah.
Sie wissen: Der Bischof Nikolaus ist wie ein guter Hirte.
Auch wir dürfen sagen: Du bist ein Hirte, Bischof von Myra.
Amen.

HINFÜHRUNG ZUR LESUNG

Die Leiterin nimmt die Bibel und öffnet sie auf der Seite mit dem Bild der Kindersegnung.

In unserer Bibel ist ein Bild, das ich euch zeigen möchte.

Die Leiterin zeigt allen Kindern reihum das Bild und regt sie an, es zu beschreiben.

Wen seht ihr? Wer ist das? Was für einen Gesichtsausdruck haben die Kinder? Traurig oder fröhlich? Ängstlich oder freundlich?

LESUNG – Ps 23,1

In der Bibel steht zu diesem Bild etwas. Ich lese es euch vor:

Der Herr ist mein Hirte, nichts wird mir fehlen.

Die Leiterin wiederholt den Satz. Dann fordert sie die Kinder auf, den Satz mitzusprechen.

KEHRVERS

Die Leiterin spricht den neuen Text des Kehrverses vor und ermuntert die Kinder, gleich mitzusingen.

Du bist der Hirte, du großer Gott.

Segensfeier zum Nikolaustag

SEGNUNG

Segensgebet

Wir wollen nun ein besonderes Gebet sprechen. In ihm wollen wir Gott bitten, dass er wie ein guter Hirte immer bei uns ist. Dazu halten wir uns alle an den Händen. Wenn jeder die Hand seines Nachbarn hat, werden wir kurz ganz still.

**Herr Jesus Christus,
du bist der Gute Hirte.
Du bist bei uns und beschützt uns.
Der Stab zeigt uns deine Kraft und Größe.
Wir bitten dich:
Sei immer bei uns, wenn wir Hilfe brauchen.
Beschütze uns und schenke uns einen Ort,
an dem wir uns wohl fühlen dürfen.
Amen.**

Einzelsegnung

Ich werde jetzt zu jedem von euch hingehen und ihm den Stab bringen. Jeder darf ihn dann selber halten. Es ist gut, wenn ihr dazu aufsteht. Dann werde ich zu jedem von euch einen Segenswunsch sagen.

Das Kind soll den Stab einen Moment alleine halten können. Dann umfasst die Leiterin die Hände des Kindes und spricht:

NN, der Herr sei dein Hirte.

KEHRVERS

Du bist der Hirte, du großer Gott.

SEGNUNG DER KINDER ZUR WEIHNACHTSZEIT

Der Gottesdienst kann am Fest der Heiligen Familie gefeiert werden. Er orientiert sich an den Texten, die zu diesem Fest vorgesehen sind. Es gibt wohl kaum einen besseren Zeitpunkt für eine jährliche Segnung der Kinder als das Weihnachtsfest. Es ist das Fest, das die Ankunft Gottes in der Welt in einem Kind feiert. Kind, Kindsein, Familie und die Sehnsucht nach heimeliger Geborgenheit sind die Themen dieses Festes. Selbst in einer Gesellschaft, die zunehmend kinderlos wird, gehen diese Themen nicht verloren, und behält das Fest die Atmosphäre des Kindlichen. Für Kinder ist die Weihnachtszeit eine schöne und unverwechselbare Zeit. Es ist eine Zeit voller Geheimnisse, voller Erwartung und besonderer Zuwendung.

Das Fest der Heiligen Familie wird am Sonntag nach dem Weihnachtstag begangen. Wenn der 25. Dezember auf einen Sonntag fällt, findet es am 30. statt. Der Impuls für die Gestaltung der Segnung stammt aus dem Brief an die Kolosser. Diese Textstelle wird jedes Jahr am Fest der Heiligen Familie gelesen. Alle anderen Lesungen wechseln im dreijährigen Rhythmus.

Neben dem Fest der Heiligen Familie kann in der Weihnachtszeit die Segnung der Kinder auch am Fest des heiligen Stephanus (26.12.) oder am Fest der Unschuldigen Kinder (28.12.) stattfinden.

Das Modell beschreibt die Kindersegnung im Rahmen einer Gemeindemesse. Geleitet wird die Messe von einem Priester. Gemäß dem Kindermessdirektorium werden Veränderungen vorgenommen, die den Kindern die Teilnahme ermöglichen und das Verständnis erleichtern: Die Präsidialgebete des Priesters – Tagesgebet, Gabengebet und Schlussgebet – sind bearbeitet und der Text der Lesung aus dem Kolosserbrief ist gekürzt. Als eucharistisches Hochgebet ist das Dritte Hochgebet für Kindermessen genannt. Der Text des Hochgebetes findet sich in den entsprechenden liturgischen Büchern.

Das Modell gibt nicht den vollständigen Ablauf der Messe wieder. Es müssen deswegen Teile ergänzt werden. Vor allem fehlen die Lieder. Hier empfiehlt es sich für die Kinder und Erwachsenen an diesem Festtag noch einmal in die reiche Schatzkiste der Weihnachtslieder zu greifen.

KYRIE

Jesus, du kommst als Kind in unsere Welt. Du verstehst die Kinder und bist ihnen nah. Zu dir dürfen wir rufen:

KIND: Herr Jesus, du hast immer Zeit für uns und bist für uns da.
  Kyrie eleison.
KIND: Herr Jesus, du hörst auf uns Kinder und verstehst,
  was wir zu sagen haben.
  Christe eleison.
KIND: Herr Jesus, wir sind so viele und du beachtest jeden Einzelnen
  von uns.
  Kyrie eleison.

TAGESGEBET
Lasst uns beten:
Herr, unser Gott,
wenn wir in den Stall von Betlehem blicken,
sehen wir eine Familie.
Stärke unsere Familien im Geist deiner Liebe.
Mache uns zu einer großen Familie,
in der Frieden und Versöhnung wohnen.
Darum bitten wir durch Christus, unseren Herrn.
Amen.

LESUNG – Kol 3,12a.13–15a

Schwestern und Brüder!
Ihr seid von Gott geliebt, seid seine auserwählten Heiligen.
Ertragt euch gegenseitig und vergebt einander,
wenn einer dem andern etwas vorzuwerfen hat.
Wie der Herr euch vergeben hat, so vergebt auch ihr!
Vor allem aber liebt einander, denn die Liebe ist das Band,
das alles zusammenhält und vollkommen macht.
In eurem Herzen herrsche der Friede Christi.

EVANGELIUM (nach Lesejahr wechselnd)

SEGNUNG
Wir wollen nun den Segen für die Kinder erbitten. Die Kinder dürfen jetzt nach vorne kommen und sich hier vor dem Altar aufstellen.

Der Priester geht vor den Altar und ermuntert die Kinder sich vor dem Altarraum wenn möglich in einem großen Halbkreis aufzustellen. Es ist günstig, wenn ihn dabei zwei oder drei Helferinnen unterstützen.

Segnung der Kinder zur Weihnachtszeit

Segensgebet

Der Priester spricht das Gebet mit erhobenen Segenshänden.

**Gott, unser Vater,
du schenkst uns deine Liebe.
Sie ist das Band, das uns umgibt.
Du schaffst die Familie. Sie ist ein Zuhause deiner Liebe.
Du selbst wirst in eine Familie hineingeboren.
Wir bitten dich,
schenke den Kindern, die zu dir kommen, Geborgenheit,
und halte sie in deinen Händen.
Amen.**

Ich werde jetzt zu jedem Kind einzeln hingehen. Es soll seine Hände zu einer offenen Schale formen. Ich zeige es euch. Ich werde dann die Hände umfassen und sagen: Gott hält dich in seiner Liebe. Kehrt bitte erst zu eurem Platz zurück, wenn ich bei jedem gewesen bin.

Einzelsegnung

Zur Einzelsegnung kann die Gemeinde ein Lied singen.
Der Priester geht zu jedem Kind, umfasst dessen Hände und sagt:

NN, Gott halte dich in seiner Liebe.

FÜRBITTEN

SCHULKIND: Gott, unser Vater, Kinder werden oft überhört. Schenke uns mehr Aufmerksamkeit füreinander.

MUTTER: Gott, unser Vater, so viele Familien brechen auseinander. Zeige ihnen Wege und Möglichkeiten der Liebe, die sie wieder zueinander führen.

KINDERGARTENKIND: Gott, unser Vater, alles muss immer so schnell gehen. Schenke uns Momente der Ruhe und Zeit füreinander.

VATER: Gott, unser Vater, in vielen Familien wächst die Angst, die Familie nicht mehr versorgen zu können. Gib ihnen Kraft und Phantasie, in dieser schweren Situation bestehen zu können.

GROSSMUTTER: Gott, unser Vater, das Miteinander der Generationen wird auf harte Proben gestellt. Schenke uns den Geist, der uns zueinander führt.

GABENGEBET
Lasst uns beten:

Herr, unser Gott,
am Fest der Heiligen Familie feiern wir das Mahl,
das uns zu einer großen Familie macht.
Schenke unseren Familien Liebe und Geborgenheit.
Darum bitten wir durch Christus, unseren Herrn.
Amen.

HOCHGEBET – Drittes Hochgebet für Messfeiern mit Kindern

SCHLUSSGEBET
Lasst uns beten:

Gott, unser Vater,
du hast uns im gemeinsamen Mahl deiner Liebe
zusammengeführt.
Bleibe bei uns mit deiner Gnade.
Sie schenke uns die Gemeinschaft mit der Heiligen Familie,
sodass wir zusammen mit Josef, Maria und Jesus zu dir kommen.
Darum bitten wir durch Christus, unseren Herrn.
Amen.

Segnung der Kinder zur Weihnachtszeit

DREIKÖNIGSSEGEN

20 * C * M * B * 05

Die Segnung kann am 6. Januar oder auch einige Tage danach durchgeführt werden.

Am Fest der Heiligen Drei Könige werden die Häuser gesegnet. Auf die Türrahmen wird ein Kürzel geschrieben, das über das Jahr an den Segen erinnern soll: die von den Jahreszahlen eingerahmten Großbuchstaben C M B mit jeweils einem kleinen Kreuz dazwischen. Der Volksmund liest die Buchstaben als die Anfangsbuchstaben der legendären Namen, die den drei Magiern aus dem Osten zugeschrieben werden: Caspar, Melchior und Balthasar. Ursprünglich verbirgt sich hinter den drei Buchstaben das lateinische **C**hristus **M**ansionem **B**enedicat. Es heißt übersetzt: Christus, segne dieses Haus.

Seit 1843 ist der Brauch der Haussegnung mit einer einzigartigen Aktion verbunden: dem Kindermissionswerk der katholischen Kirche »Die Sternsinger«. Diese Aktion ist weltweit die größte Aktion, die von Kindern für Kinder durchgeführt wird. Als Heilige Drei Könige verkleidet gehen sie mit einem Sternträger zu den Häusern und bringen den Segen. Diese Aktion führt den Segenszuspruch des Weihnachtsfestes und den daraus resultierenden ethischen Anspruch unmittelbar zusammen. Sie gibt Kindern und Erwachsenen die Möglichkeit das Ihrige beizutragen, dass sich der Segen Gottes in einer Welt ausbreitet, in der vor allem Kinder benachteiligt sind. Die Sternsingeraktion und ihr Dreikönigssegen ist der eigentliche Höhepunkt des Weihnachtsfestes, denn sie zeigt das Weihnachtsfest jenseits von Kitsch und Kommerz. Die Botschaft lautet: Frieden soll bei allen Menschen ankommen, bei den Menschen hier in ihren Häusern und bei den Benachteiligten in aller Welt.

Das vorgestellte Modell kann mit kleinen Kindern durchgeführt werden. Es ist denkbar, dass »Könige« und »Sternträger« die Gruppen im Kindergarten oder in der Gemeinde (Frauenkreis, Altennachmittag, Mutter/Vater-Kind-Gruppen, betreute Spielgruppen für Kleinkinder, Bibliotheksteam, Pfarrhaus) besuchen und den Segen bringen. Bei Erwachsenen kann auch für die Sternsingeraktion gesammelt werden.

Alle Kinder sollten in der Vorbereitung die biblische Erzählung von den drei Weisen aus dem Osten und das Sternsingerlied kennen gelernt haben. Die Aktion muss nicht langfristig mit den beteiligten Kindern eingeübt werden. Es reicht, wenn die Kinder unmittelbar – bevor sie zu den Gruppen gehen – die Segnung selbst in einem separaten Raum erleben.

Es sollten höchstens zehn Kinder beteiligt werden, da sonst die Gruppe zu groß würde: Drei Kinder verkleiden sich als Könige, ein Kind trägt den Stern, eines das Weihrauchfass und eines das Weihrauchschiffchen. Die Übrigen können eine Kerze tragen. Die (orientalische) Verkleidung der begleitenden Kinder ist nicht obligatorisch.

Es empfiehlt sich, im Vorfeld geeignete Kreide für die Aufschrift an dem Türrahmen zu testen. Das Geschriebene sollte erkennbar sein und wieder leicht entfernt werden können. Es ist auch denkbar, aus festem und farbigem Papier entsprechende Zahlen und Buchstaben auszuschneiden, die an den Türrahmen geheftet werden können.

Benötigt werden:
- Kostüme und Requisiten für drei Könige und einem Sternträger
- ein Weihrauchfass mit Kohle
- ein Weihrauchschiffchen mit Weihrauch
- Kreide (eventuell farbig)
- Kerzen mit Tropfschutz   20*C* M* B*05

ANKUNFT

Die Leiterin oder ein Kind klopft an der Tür des Gruppenraums. Die Sternsinger treten ein und stellen sich vor der Tür auf. Bei einer Kindergruppe ist es gut, wenn die Gruppenkinder im Halbkreis um die Sternsinger sitzen.

BEGRÜSSUNG

Wir freuen uns, dass wir heute als Sternsinger zu euch kommen dürfen. Wir haben euch ein Lied mitgebracht, das wir euch jetzt vorsingen.

LIED

Wir kom-men da-her aus dem Mor-gen-land, wir kom-men ge-führt von Got-tes Hand. Wir wün-schen euch ein fröh-li-ches Jahr. Kas-par, Mel-chior und Bal-tha-sar.

M: Heinrich Rohr, T: Maria Ferschl

© Christophorus-Verlag, Freiburg i.Br.

20*C* M* B*05

Segensfeiern im Jahreskreis

HINFÜHRUNG

Die Leiterin regt mit den Kindern ein Gespräch über den Besuch der Sternsinger an.

Bei wem waren denn die Sternsinger schon daheim? Wer kann sich erinnern? Manchmal sind die Leute nicht daheim, wenn die Sternsinger kommen. Daher können sich auch einige von euch nicht an den Besuch erinnern. Darum ist es gut, dass wir euch heute besuchen.

WEIHRAUCH

Die Sternsinger haben immer Weihrauch dabei.

Die Leiterin öffnet das Weihrauchschiffchen und zeigt allen Kindern die Weihrauchkörner. Einzelne können daran riechen oder die Körner anfassen. Die Kinder können ihre Eindrücke äußern.

Wenn die Körner auf ganz Heißes gelegt werden, dann fangen sie an zu rauchen. Und das kann man dann riechen.

Die Leiterin öffnet das Weihrauchfass und zeigt die glühende Kohle. Das Kind mit dem Weihrauchschiffchen legt ein einziges Korn auf die glühende Kohle. Alle können den Weihrauch riechen.

ERZÄHLUNG

Die Leiterin ermuntert die Kinder, die Geschichte der drei Weisen zu erzählen.

Die Sternsinger erinnern uns an die drei Weisen aus dem Morgenland. Wen haben die denn besucht? Zu wem sind sie gegangen?
KINDER: Zum Jesuskind!
Sind sie dort geblieben? Sind sie wieder heimgegangen?

Die drei Weisen sind nicht bei dem Kind geblieben. Sie sind wieder heim zu den Menschen gegangen. Und sie haben den Menschen etwas mitgebracht: den Segen des Christkindes.
Zu uns kommen heute die Sternsinger. Sie sind wie die Weisen. Sie bringen uns den Segen des Christkindes.

LIEDRUF

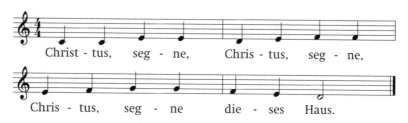

Christ - tus, seg - ne, Chris - tus, seg - ne, Chris - tus, seg - ne die - ses Haus.

M/T: Diana Güntner

SEGNUNG

Die Sternsinger bringen uns den Segen des Christkindes. Dazu schreiben sie etwas an unsere Tür.

Die Leiterin schreibt die ersten zwei Ziffern an die Tür.

Der Segen des Christkindes will Kinder glücklich machen.
Was soll das Christkind Kindern schenken?

Die Leiterin regt die Kinder an, Segenswünsche auszusprechen. Sie kann den Kindern dabei helfen, indem sie nach dem Negativen fragt (Soll das Christkind Kindern Traurigkeit schenken? ... dass Kinder einsam, voller Streit, schwach, krank usw. sind?).

Das Christkind schenke Kindern ...
KINDER: ... Glück, ... Fröhlichkeit, ... Kraft, ... Versöhnung, ... Schutz, ... Freunde ...

Zwischen den Segenswünschen schreibt die Leiterin die fehlenden Buchstaben und Ziffern an den Türrahmen. Dazwischen wird immer wieder der Liedruf wiederholt. Wenn das Segenskürzel vollständig ist, betrachten alle gemeinsam das Geschriebene.

Jetzt steht alles an der Tür. Jetzt können wir alle singen:
Christus, segne unser Haus.

DEUTUNG
Wer kann das lesen? Das erste ist eine Zahl.

Die Leiterin liest zusammen mit den Kindern die Zeichen.

Die Zahlen erinnern uns an das Jahr, in dem wir leben, und die Buchstaben erinnern uns an die drei Weisen: C für Caspar, M für Melchior und B für Balthasar.
Sie erinnern uns an noch etwas:
Sie erinnern uns an Christus. Er segnet unser Haus.

LIEDRUF
Christus, segne dieses Haus.

GEBET
Wir wollen noch beten:

Guter Gott,
du kommst auf die Welt und bringst uns deinen Segen.
Das macht uns froh.
Amen.

VERABSCHIEDUNG

20*C*M*B*05

Dreikönigssegen

FEIER MIT TAUFERINNERUNG

Das Modell greift die Lesung am Fest der Taufe des Herrn auf. In allen drei Lesejahren steht die Erzählung der Taufe Jesu am Jordan durch Johannes im Mittelpunkt. Das Fest wird am Sonntag nach dem 6. Januar gefeiert und beschließt den Weihnachtsfestkreis.

An den Eingängen der Kirchen und in machen Familienhäusern finden sich kleine und große Becken mit Weihwasser. Wer die Kirche betritt oder verlässt, kann einen Finger oder sogar die ganze Hand eintauchen und sich mit dem Weihwasser bekreuzigen. In dieser kleinen Geste kann sich vieles ausdrücken. In ihrem Kern ist sie immer eine Tauferinnerung.

Mit der Taufe sind viele Riten verbunden. Das Bekreuzigen mit dem Weihwasser ist nur einer davon. Zentral ist der Ritus der Tauffeier selbst: das dreimalige Übergießen oder Eintauchen des Täuflings in das Taufwasser.

Ein weiterer Ritus wird jedes Jahr während der Feier der Osternacht vollzogen. In dieser Feier wird auch Taufwasser geweiht. Der Priester taucht dazu die große Osterkerze dreimal in das Becken mit dem Wasser.

In der Feier mit den Kindern werden alle diese drei Riten miteinander verbunden. Sie fügen sich organisch zusammen und ermöglichen eine lebendige Erinnerung an die Taufe.

Im Mittelpunkt der Feier steht die Übung, in der für die Kinder der zentrale Taufritus nachvollziehbar und erfahrbar wird. Die Übung spricht Kinder sehr an. Sie vollziehen sie mit reger Teilnahme und großer Andacht. Dabei können die Kinder genau unterscheiden zwischen der Übung, dem »Tun-als-ob«, und echten Handeln im abschließenden Ritus der Tauferinnerung. Auf die Kontrollfrage der

Leiterin »Haben wir jetzt getauft?« schüttelten die Kinder ohne Zögern und mit einem vielstimmigen, deutlichen Nein den Kopf.

Benötigt werden:
- eine Glasschale, wenn möglich niedrig und mit breitem Durchmesser, farblich neutral oder blau
- angewärmtes Wasser
- ein Schälchen, mit dem das Wasser geschöpft werden kann; schön ist eine »Jakobsmuschel«, die problemlos im Bastel- oder Sakristeibedarf erhältlich ist
- ein Gästehandtuch
- Weihwasser in einem schönen Gefäß
- eventuell weitere kleine Gefäße für das Weihwasser, wenn möglich aus Metall oder Glas

Die Kinder sitzen im Stuhlkreis. In der Mitte befinden sich das weiße Tuch, die Zeichen der Kinderkirche (Jesuskerze, Bibel, Kreuz), das Weihwasser und die mit dem angewärmten Wasser gefüllte Glasschale, die kleine Schöpfschale und das Handtuch.

ERÖFFNUNG UND BEGRÜSSUNG

Ich darf euch alle zu unserer Wortgottesfeier begrüßen. Wir beginnen mit dem Kreuzzeichen der Kinderkirche:

Lieber Gott, ich denk an dich,
Alle machen ein kleines Kreuzzeichen auf die Stirn,
ich sprech' von dir,
auf dem Mund
ich liebe dich,
und auf das Herz.
lieber Gott, beschütze mich.

Feier mit Tauferinnerung

HINFÜHRUNG

Im Gespräch erinnert die Leiterin die Kinder an die Weihwasserbecken in der Kirche und an den Ritus, sich beim Betreten des Kirchenraumes mit dem Weihwasser zu bekreuzigen. Davon ausgehend kann sie die Brücke zum Taufbecken mit dem Taufwasser schlagen.

Habt ihr schon einmal gesehen, was die Großen machen, wenn sie eine Kirche betreten? Habt ihr schon gesehen, was an jedem Eingang unserer Pfarrkirche ist? Wo ist in unserer Kirche noch ein großes Becken mit Wasser?

In unserer Mitte steht diese schöne Schale. Darin ist Weihwasser aus unserer Pfarrkirche. Das Weihwasser erinnert uns an unsere Taufe. Daneben steht eine Glasschale mit Wasser. Darin ist normales Wasser. Diese Schale soll uns an das Taufbecken in unserer Kirche erinnern.

Heute hören wir von der Taufe.

Dazu habe ich euch ein neues Lied mitgebracht.

In dem Lied heißt es:

In der Taufe werden wir alle Kinder Gottes.

Ich bin dein Kind, das macht mich froh!

Guter Gott, wir danken dir.

Die Leiterin spricht zuerst den Text des Liedes, singt es dann vor und ermuntert dann alle mitzusingen.

 Segensfeiern im Jahreskreis

LIED

In der Tau - fe wer - den wir al - le Kin - der Got - tes. Ich bin sein Kind, das macht mich froh. Gu - ter Gott, wir dan - ken dir.

M/T: Diana Güntner

HINFÜHRUNG ZUR LESUNG

Die Leiterin zeigt ein Bild von der Taufe Jesu. Es ist günstig, wenn das Bild in der verwendeten Bibel enthalten ist. Sie zeigt allen Kindern langsam das Bild und regt die Kinder an, es kurz zu beschreiben.

LESUNG – Lk 3,21–22

Wir hören, was bei diesem Bild geschrieben steht:

Zusammen mit dem ganzen Volk ließ sich auch Jesus taufen. Und während er betete, öffnete sich der Himmel, und der Heilige Geist kam sichtbar in Gestalt einer Taube auf ihn herab, und eine Stimme aus dem Himmel sprach: Du bist mein geliebter Sohn, an dir habe ich Gefallen gefunden.

Die Leiterin stellt die Jesuskerze in das Wasser der Glasschale.
Eine kurze Melodie wird instrumental gespielt.
Die Leiterin wiederholt die Lesung.
Dann nimmt sie die Kerze wieder und stellt sie an ihren Ort zurück.

PRÄSENTATION DER WASSERÜBUNG

Die Leiterin geht zur Glasschale und bewegt mit der kleinen Schale leicht das Wasser. Dann führt sie die Übung ein:

Wenn ein Mensch getauft wird, wird er mit Wasser übergossen. Wie ist das mit dem Wasser? Was macht das Wasser mit uns? Wenn ich z.B. meine Hände darunter halte? Was passiert dann?
KINDER: Es erfrischt, es macht sauber, es vertreibt die Müdigkeit.
Ich zeige euch, wie der Pfarrer das macht, wenn er ein Kind tauft. Meine linke Hand soll das Kind sein. Ich mache eine Faust. Sie soll das Köpfchen sein.

Die Leiterin schließt ihre linke Hand zu einer Faust und hält sie über die Wasserschale.

Achtet nun darauf, was ich mache.

Die Leiterin schöpft schweigend einmal mit der kleinen Schale Wasser und gießt es mit deutlichem dreimaligem kurzem Absetzen über ihre Faust.

Der Pfarrer sagt dazu Worte. Er sagt: Ich taufe dich im Namen des Vaters und des Sohnes und des Heiligen Geistes.

Während die Leiterin die Taufformel spricht, übergießt sie mit entsprechendem dreimaligem Absetzen ihre linke Hand.

Möchte ein Kind zu mir herkommen und auch seine Hand übergießen lassen?

Die Kinder können einzeln zur Leiterin kommen und das Übergießen der linken Hand mit vollziehen. Dazu spricht die Leiterin die Taufworte. Das Kind kann seine Hand dann an dem Handtuch abtrocknen. Es ist möglich, die Rollen zu wechseln. Beim Abschluss der Übung stellt die Leiterin die Frage:

Was haben wir jetzt gemacht? Haben wir getauft?
KINDER: Nein – wir haben nur so getan als ob.

LIED
In der Taufe werden wir alle Kinder Gottes.

FÜRBITTEN
Durch die Taufe werden wir Gottes Kinder. Deswegen dürfen wir Gott unsere Bitten bringen:
KIND: Guter Gott, in der Taufe nimmst du uns als deine Kinder an. Lass uns das nicht vergessen.
Wir bitten dich: Erhöre uns.
KIND: Guter Gott, in der Taufe machst du uns zu einer großen Familie. Lass uns spüren, dass immer einer für uns da ist.
Wir bitten dich: Erhöre uns.
ERWACHSENE: Guter Gott, stärke uns Eltern in der Aufgabe, unseren Kindern den Glauben näher zu bringen.
Wir bitten dich: Erhöre uns.

GEBET
Wir wollen zusammen beten:

Gott unser Vater:
Als Jesus getauft wurde, haben alle gesehen,
dass er dein geliebter Sohn ist.
Als wir getauft wurden, sind wir zu deinen Kindern geworden.
Das macht uns froh. Dafür danken wir dir.
Wir bitten dich: Sei uns nah, führe uns, beschütze uns
und schau auf uns.
Amen

HINFÜHRUNG ZUR TAUFERINNERUNG

Wir erinnern uns heute an unsere Taufe. Wir machen das so, wie die Großen, wenn sie in die Kirche kommen. Wisst ihr noch? Sie tauchen den Finger in das Weihwasser ein und bekreuzigen sich damit. Wir nehmen dazu das Weihwasser, das wir aus der Kirche mitgebracht haben. Wir gehen zu jedem von euch hin. Ihr könnt dann einen Finger in das Weihwasser eintauchen und das große Kreuzzeichen machen.

Die Leiterin führt die Geste deutlich vor.

Wer das schon selber machen kann, kann es alleine machen, wer nicht, dem helfe ich (oder deine Mutter/Vater) und führe ihm die Hand. Ich nenne dazu den Namen und sage:»Du bist getauft im Namen des Vaters und es Sohnes und des Heiligen Geistes.«

TAUFERINNERUNG

Die Leiterin und eine oder mehrere Helferinnen gehen zu jedem Kind hin, lassen es seinen Finger in das Weihwasser eintauchen und führen ihm wenn nötig bei dem großen Kreuzzeichen die Hand. Dazu sprechen sie:

NN, du bist getauft im Namen des Vaters und des Sohnes und des Heiligen Geistes.

Es ist möglich, im Hintergrund leise Musik spielen zu lassen.

ABSCHLUSSLIED

In der Taufe werden wir alle Kinder Gottes.

MAI- UND WIESENANDACHT MIT GRÄSER- UND BLUMENSEGNUNG

Der Monat Mai ist der Monat der blühenden Wiesen und Bäume, des jungen Grüns und der hellen Farben. Die Luft ist mild und voller Düfte. Nicht nur die Kinder genießen nach dem langen und kahlen Winter die neue Fülle der Natur.
Die Wiesenandacht knüpft an den Brauch der Maiandachten an. Sie greift die Freude über die erwachende Natur auf und führt sie zum Lob an Gott, den Schöpfer.
Die Andacht beginnt bei einem Treffpunkt und führt über einen Wiesenweg zum Ziel. In diesem Modell endet die Andacht in einer Kapelle. Der Abschluss kann aber auch an einem markanten Platz (Hügelkuppe, Wegkreuzung, Waldrand, Baum) stattfinden. Auf dem Weg befinden sich zwei Stationen. An der ersten Station wird ein Baum betrachtet, an der zweiten die Gräser, die auf der Wiese wachsen und blühen. Die Kinder lieben es, den Weg barfuß zu gehen. Der Baum sollte deswegen für Barfüßige zugänglich sein (also z.B. ohne Brennnesselbewuchs). Der Wiesenweg führt am besten durch eine Maiwiese. Damit die Teilnehmer auch hier ohne Gefahr barfuß gehen

können, ist es günstig, wenn zuvor ein Pfad gemäht wurde. Der Gang sollte unbedingt mit dem Besitzer der Wiese abgesprochen werden. Abschließend kann noch ein gemeinsames Wiesen-Picknick folgen. Bei Regen kann die Andacht auch in einem Raum stattfinden. Dort sollten dann zwei entsprechende Stationen aufgebaut werden.

Von dem Lied »Alle Wiesen, alle Felder« wird jeweils immer nur eine Strophe gesungen. Für die Segensfeier wurde der Originaltext der Strophen verändert.

Benötigt werden:
- ein größerer Korb für die gesammelten Blumen, Gräser und Blätter
- ein Handwagen, in dem die Schuhe mitgeführt werden können
- die Bibel
- ein großes weißes Tuch, am besten ein großes Bettlaken
- Weihwasser

TREFFPUNKT

ERÖFFNUNG UND BEGRÜSSUNG
Ich darf euch alle zu unserer Mai- und Wiesenandacht begrüßen.
Wir beginnen mit dem Kreuzzeichen der Kinderkirche:

Lieber Gott, ich denk an dich,
Alle machen ein kleines Kreuzzeichen auf die Stirn,
ich sprech' von dir,
auf dem Mund
ich liebe dich,
und auf das Herz.
lieber Gott, beschütze mich.

HINFÜHRUNG
Wir feiern heute unseren Kindergottesdienst an einem anderen Ort als sonst.
Wir wollen heute ganz aufmerksam durch die Wiesen bis zur Kapelle gehen. Wir können zusammen einiges entdecken, miteinander singen und beten. Wir können unsere Freude über die schöne Natur zeigen und Gott dafür danken.

Dazu habe ich euch ein Lied mitgebracht. In dem Lied heißt es:
Alle Wiesen, alle Felder stehn im Sonnenkleid,
sind voll Blüten, sind voll Früchte, werden uns zur Freud.

Die Leiterin spricht zuerst den Text, dann singt sie das Lied vor und ermuntert alle, das Lied mitzusingen.

Wiesenandacht mit Blumensegnung

LIED

2. Alle Bäume, alle Sträucher stehn im Sonnenkleid,
sind voll Blüten, sind voll Blätter, werden uns zur Freud.

3. Alle Gräser, alle Blumen stehn im Sonnenkleid,
sind voll Blüten, sind voll Früchte, werden uns zur Freud.

nach: Alle Wiesen, alle Felder

T (Original): Hanni Neubauer, verändert: Diana Güntner, M: Hanni Neubauer

aus: Religionspädagogische Praxis, Handeichung für elementare Religionspädagogik, Jhg. 1980, Nr. III, S. 61 »Staunen – Danken – Loben«,

© RPA-Verlag, Landshut

GEBET

Bevor wir losgehen, wollen wir beten:
Guter Gott,
du schenkst uns die Blumen und die Bäume,
die Sträucher und die Gräser.
Alles ist bunt und voller Leben.
Guter Gott, wir danken dir für unsere schöne Welt.
Sie ist voll Freude und voll Leben, Gott wir danken dir.
Amen.

ÜBERLEITUNG

Wir gehen jetzt zum Anfang unseres Wiesenweges. Dort ziehen wir unsere Schuhe aus. Wir können sie in den Wagen legen und NN bringt die Schuhe für uns zur Kapelle. Dort ziehen wir sie dann wieder an.

Wiesenandacht mit Blumensegnung

ERSTE STATION: BAUM

Die Kinder sammeln sich an einem schönen Baum und betrachten ihn mit allen Sinnen; sie können den Baum anfühlen, am Baum riechen und versuchen, ihn mit den Armen zu umfassen. Die Kinder werden angeregt, sich wie der Baum mit vielen Wurzeln hinzustellen, mit den Armen die Äste und Zweige nachzubilden und in die Höhe zu strecken. Abschließend können die Kinder einige Blätter und Zweige pflücken oder aufsammeln und in den mitgebrachten Korb legen.

GEBET
Wir wollen zu Gott beten:

Lieber Gott,
wir staunen, wie schön dieser Baum gewachsen ist.
Er ist unser Freund und er kann uns viel erzählen.
Wir bitten dich, dass es ihm gut geht an seinem Platz,
dass ihn viele Menschen bewundern und viele Tiere in ihm wohnen.
Amen.

LIED
2. Alle Bäume, alle Sträucher stehn im Sonnenkleid,
   sind voll Blüten, sind voll Blätter, werden uns zur Freud.

1. Lieber Gott, wir danken dir für unsere schöne Welt.
   Ist voll Freude, ist voll Leben, Gott, wir danken dir.

ÜBERLEITUNG
Wir verabschieden uns von dem Baum, schauen noch einmal nach oben, sehen seine Äste und seine vielen Blätter und gehen weiter.

Achten wir bei unserem Weg auf die Gräser und Blumen, die dort wachsen. Jedes Kind kann fünf schöne Gräser pflücken und selber mitnehmen oder in unseren Korb legen.

ZWEITE STATION: GRÄSER UND BLUMEN

An dieser Station können alle stehen bleiben oder sich ins Gras setzen.
Jedes Kind nimmt ein paar Gräser in die Hand.
Gemeinsam betrachten die Kinder die Gräser mit allen Sinnen:
Sie fahren an ihnen entlang, entdecken die vielen Samen und die Verschiedenartigkeit dieser Pflanzen; dass sie ganz weich sind und dass man sich an ihnen auch schneiden kann, sie ahmen nach, wie sich die Gräser im Wind biegen, lassen die Gräser am Arm oder an der Wange entlang streifen; eventuell können die Kinder oder die Erwachsenen die Gräser bestimmen.
Dann können die Halme wieder in den Korb gelegt werden.

GEBET
Wir wollen zu Gott beten:

Lieber Gott,
wir staunen über die vielen Gräser.
Alle sind verschieden und wunderbar gebaut.
Sie wachsen auf den Wiesen und streichen unsere Füße und Beine.
Sie sind wie ein sanfter Teppich, auf dem wir gehen dürfen.
Wir bitten dich, öffne unsere Augen,
dass wir immer wieder neue Gräser und Blumen entdecken!
Amen.

LIED
3. Alle Gräser, alle Blumen stehn im Sonnenkleid,
   sind voll Blüten, sind voll Früchte, werden uns zur Freud.

1. Lieber Gott, wir danken dir für unsere schöne Welt.
   Ist voll Freude, ist voll Leben, Gott, wir danken dir.

LETZTE STATION: KAPELLE

Vor der Kapelle ziehen sich alle die Schuhe wieder an und gehen hinein. Einzelne Kinder helfen, die Gräser aus dem Korb auf einem großen weißen Tuch auszubreiten, das vor dem Altar am Boden liegt. Auf dem Altar steht neben einer brennenden Kerze die Bibel, vor dem Altar das Weihwasser. Die anderen Kinder setzen sich in die Bänke oder bilden, wenn es der Platz erlaubt, einen Kreis um den Altar mit dem weißen »Gräsertuch«.

LESUNG – Gen 1,1.11–12
In der Bibel lesen wir, wer uns all diese schönen Gräser und Blumen, die Blätter und Zweige schenkt:

Im Anfang schuf Gott Himmel und Erde.
Dann sprach Gott:
Das Land lasse junges Grün wachsen, alle Arten von Pflanzen, die Samen tragen, und von Bäumen, die auf der Erde Früchte bringen. So geschah es.
Das Land brachte junges Grün hervor, alle Arten von Pflanzen, die Samen tragen, alle Arten von Bäumen, die Früchte bringen mit ihrem Samen darin.
Gott sah, dass es gut war.

Kleine Pause

Gott sah, dass es gut war.

LIED
1. Lieber Gott, wir danken dir für unsere schöne Welt.
   Ist voll Freude, ist voll Leben, Gott, wir danken dir.

Die Bibel wird wieder auf den Altar gestellt.

SEGNUNG

Wir wollen den Segen Gottes auf diese Gräser erbitten. Dazu haben wir das Weihwasser hier.

Wir beten dazu:
**Guter Gott,
du machst Himmel und Erde,
du lässt die Gräser und Bäume wachsen.
Dafür danken wir dir.
Wir bitten dich:
Segne diese Gräser und Blätter
im Namen des Vaters und des Sohnes und des Heiligen Geistes.**

Die Leiterin taucht einen Zweig in das Weihwasser und besprengt die Gräser und Blumen dreimal.

Amen.

Jedes Kind kann jetzt auch ein wenig von dem Weihwasser auf die Gräser und Zweige sprengen.

ENTLASSUNG

Wir sind am Ende unserer Mai- und Wiesenandacht. Wir sammeln unsere Gräser wieder in unseren Korb und wer möchte kann dann mithelfen, sie über die Wiese auszustreuen.

Leben braucht Segen:
Segensfeiern zu biographischen Anlässen

»Wann komme ich in die Schule?«

Die Frage der Sechsjährigen ist voller Erwartung. Schon lange ist sie des Kindergartens überdrüssig, gleichwohl sie gern die Privilegien und den Stand eines Vorschulkindes genießt. Die Schulsachen werden stolz und mit stiller Vorfreude bestaunt und ordentlich eingeräumt. Nein, es tut ihr nicht leid, den Kindergarten zu verlassen. Sie hat wie alle Kinder die erstaunliche Fähigkeit, offen nach vorne zu schauen und sich auszurichten auf das, was sie erwartet.

Und doch: Wenn die Kindergartenzeit zu Ende geht und die Schulzeit beginnt, dann bedeutet das einen Übergang vom Bekannten zum Unbekannten, vom Alten zum Neuen, vom Vertrauten zum Fremden. Ein solcher Übergang geschieht auch, wenn ein neues Zimmer oder sogar ein neues Haus bezogen wird, Geschwister geboren werden oder die Erzieherin wechselt. Wenn sogar ein Umzug in eine neue Stadt oder ein neues Dorf bevorsteht oder eine zentrale Bezugsperson das Kind dauerhaft verlässt, dann greifen diese Übergänge massiv in die Biographie des Kindes ein.

Kinder brauchen in all diesen Situationen Hilfe und Begleitung. Es ist nicht einfach, Übergänge zu beschreiten und zu bewältigen. Solche Situationen sind geprägt von Unsicherheit und Stolz, Freude und Trauer, Neugier und Anspannung. Das Alte und Bekannte wird endgültig verlassen und der Fuß ins Neue gesetzt. Es wird nie wieder so sein, wie es einmal war. Ein mehr oder weniger stark ausgeprägtes Wechselbad der Gefühle setzt ein. Eine neue identitätsstiftende Rolle muss gefunden und ausgefüllt (»Ich bin jetzt ein Schulkind.« oder »Ich bin jetzt eine ältere Schwester.«), ein neuer Freundeskreis, Kontakt zu Bezugspersonen (Erzieherin, Lehrerin) und Orientierung im neuen Gebäude aufgebaut werden.

Nicht nur Kinder brauchen in diesen Situationen Möglichkeiten, sich mitzuteilen. Sie wollen ihre Gefühle, ihre Ängste und Zweifel, aber auch ihre Freude und ihr Glück ausdrücken.

Es gibt die Übergänge im Leben eines Kindes, die es zum richtigen Zeitpunkt und in angemessener Weise auffordern, einen neuen Schritt im Leben zu wagen und sich auf Neues einzulassen. Daneben gibt es Übergänge, die Kinder überfordern und in denen sie nur schwer oder gar nicht Schritt halten können. In solchen dramatisch erlebten Übergängen brauchen Kinder eine Begleitung, vielleicht sogar therapeutische Unterstützung. Bei allen Übergängen jedoch brauchen sie eine verlässliche und stärkende Beziehung. Aus ihr können sie die Gewissheit schöpfen:»Alles geht gut. Und so, wie es ist, ist es richtig.«

Segensfeiern können in Übergangssituationen Kindern und Menschen, die sie begleiten, einen Raum geben, in dem sie sich und ihre *Gefühle ausdrücken* können und bestätigt finden. Die Übergangssituation wird zum Anlass der Segensfeier. Die Feier greift die Situation auf und bringt sie zum Ausdruck. Die Kinder, Eltern und Erzieherinnen können ihre Anliegen und Bitten formulieren, sie können ihre Freude und Erwartungen darstellen. Nicht nur die Kinder erfahren in einer solchen Feier die entlastende und aufbauende Bestätigung: »Wir alle hier sind in der gleichen Situation und erleben sie auf ähnliche Weise.«

Die Segensfeier greift jedoch nicht nur die Situation auf, sondern sie stellt sie spürbar in einen *religiösen Sinnhorizont*. In diesem Horizont deutet sie die Situation religiös:»Wenn du alleine oder mit anderen zusammen diesen Übergang beschreitest, dann ist Gott mit seinem Segen bei dir.« Aus dieser Gewissheit können Kinder, Angehörige und Erzieherinnen Mut und Zuversicht schöpfen:»Alles wird gut.«

Die Segensfeier führt Menschen zusammen. Die Betroffenen können in ihr die tragende Beziehung einer *Gemeinschaft* erfahren. Diese Gemeinschaft umfasst die Familie, die Gruppenmitglieder, die Erzieherinnen, die Lehrerinnen und alle die sich in dieser Segensfeier zu einer Glaubens- und Gebetsgemeinschaft versammeln. In dieser Gemeinschaft wird die Gegenwart des segensreichen Gottes spürbar, denn: »Wo zwei oder drei in meinem Namen versammelt sind, da bin ich mitten unter ihnen.«

HAUSSEGNUNGSFEIER

Die Segnungsfeier kann in der Familie, in einem Pfarrheim, im Kindergarten oder einer anderen Kindertagesstätte begangen werden. Anlässe sind ein Umzug, ein Einzug in einen neuen Anbau, die Neunutzung einzelner Räume oder der Neubezug nach einer Renovierung. Das Modell beschreibt die Segnung eines Familienhauses. Es muss bei anderen Anlässen entsprechend verändert werden.

Umzüge, Einzüge und Neubezüge sind für Groß und Klein ein wichtiges Ereignis. Dabei ist es nebensächlich, ob es sich um ein ganzes Haus, um einzelne Räume oder um eine Wohnung handelt.

Jeder Umzug stellt einen Abschied und einen Neubeginn dar, ein Loslassen und eine Inbesitznahme. Dies löst lebhafte und starke Gefühle aus: Trauer und Wehmut, Freude und Glück.

Beim Umzug verlässt die Familie nicht nur die alten vier Wände, sondern auch den vertrauten Ort, die vertrauten Gesichter, die Freunde und Nachbarn. »Wir müssen uns erst einrichten!« Damit ist nicht nur das Mobiliar gemeint, sondern auch der Aufbau neuer Beziehungen und neuer Vertrautheiten.

Das trifft auch zu für den Bezug eines neuen Anbaus oder den Neubezug nach einer Renovierung. Der neue Raum muss erst zu einem Ort werden, der bewohnt werden kann.

Das Haus, die »eigenen vier Wände«, ist die elementare Mitte im Leben eines jeden Menschen. Es ist der Raum der Geborgenheit und des inneren Friedens. Im Besonderen gilt das für Kinder. Der Raum gibt Kindern eine Ordnung. Sie können sich in ihm orientieren und agieren. Er ist die Heimat, in der sie tragende Gemeinschaft und ein liebendes Miteinander erfahren.

Der Raum ist auch verletzlich. Er muss geschützt werden, durch verschließbare Türen und Fenster und durch den Aufbau verlässlicher Beziehungen. Vertrautheit und Ordnung schafft Sicherheit.

Die Segensfeier hilft, die Gefühle auszudrücken, die mit einem Raumwechsel verbunden sind. Sie stellt das Ereignis und das innere Erleben in den Sinnhorizont des Glaubens. Die Teilnehmenden können in der Gewissheit bestärkt werden: Über das Haus hält Gott seine schützende Hand. Der Regenbogen ist dafür seit den Anfängen der biblischen Gotteserfahrung das sichtbare Zeichen.

Wenn Nachbarn und Anwohner dazu eingeladen sind, wird die Gemeinschaft sichtbar, die den inneren Raum umgibt. Bei einem Umzug können neue Bekanntschaften und Freundschaften geschlossen, bei einem Neubezug das Ereignis in das nachbarschaftliche Miteinander eingebettet werden.

Es ist sinnvoll, dass der Ortspfarrer oder dessen Vertreter die Segensfeier leitet. Die Feier beginnt mit einem Wortgottesdienst. Im zweiten Teil gehen die Feiernden durch die einzelnen Räume, die mit Blumen geschmückt sind. Sie drücken die Bedeutung der Räume für die Bewohner aus. Die Blumen sind nur eine Möglichkeit, es eignen sich auch Gewürze oder Kräuter. Diese können geschmeckt und gerochen werden und dann getrocknet oder gepresst im Raum verbleiben. In der Vorbereitung kann sich somit jede Familie oder Gruppe mit ihren Räumen auseinander setzen und eigene Möglichkeiten des Ausdrucks finden.

Der Originaltext des Liedes »In meinem Haus, da wohne ich« wurde zum Teil verändert.

Haussegnungsfeier

Benötigt werden:
- farbige Tücher für das Haus und den Regenbogen
- Blumen für die Zimmer
- Osterkerze
- Weihwasser

Die Feier beginnt in einem Raum, in dem sich alle Feiernden um eine Mitte versammeln können. In der Mitte stehen die brennende Osterkerze und eine Bibel. In einem Familienhaus ist das in der Regel das Wohnzimmer, in einer Einrichtung für Kinder oder einem Pfarrheim kann das die Eingangshalle sein. Hier finden der Anfangsteil und der kurze Wortgottesdienst statt. Dann gehen alle, die Familie, die Gäste oder die beteiligten Gruppen durch die einzelnen Zimmer. Der Abschluss findet wieder in dem Raum des Beginns der Feier statt.

ERÖFFNUNG UND BEGRÜSSUNG

Heute wollen wir das Haus und seine Zimmer segnen. Wir beginnen hier und gehen dann durch die einzelnen Zimmer. Als Zeichen, dass Jesus in unserer Mitte ist, brennt die Osterkerze. Wir beginnen mit dem Kreuzzeichen der Kinderkirche:

Lieber Gott, ich denk an dich,
Alle machen ein kleines Kreuzzeichen auf die Stirn,
ich sprech' von dir,
auf dem Mund
ich liebe dich,
und auf das Herz.
lieber Gott, beschütze mich.

LIED

T: Mt 18,20 M: Kommunität Gnadenthal
© Präsenz-Verlag, 65597 Gnadenthal, Hünfelden

HINFÜHRUNG

Wenn wir ein Tuch nehmen und zwei Enden zur Mitte schlagen, dann entsteht ein Haus.

Zusammen mit den Kindern wird in der Mitte mit einem Tuch ein Haus gelegt. Es kann mit Legematerial verziert und gestaltet werden. Es wird mit den Kindern kurz überlegt, was sie im Haus tun.

Haussegnungsfeier

LIED

1. In unserm Haus, da wohnen wir, da schlafen wir, da essen wir. Da lachen wir, da weinen wir, da träumen wir. wir.

2. In unserem Haus, da wohnen wir, da schlafen wir, da essen wir.
   Es schützt uns vor Regen, es schützt uns vor Kälte,
   es schützt uns vor dem Wind.

3. In unserem Haus, da wohnen wir, da schlafen wir, da essen wir.
   Es schenkt uns Wärme, es schenkt uns Licht,
   es schenkt uns Behaglichkeit.

4. In unserem Haus, da wohnen wir, da schlafen wir, da essen wir.
   Es schenkt uns Geborgenheit, es schenkt uns Gemeinschaft,
   es schenkt uns Nähe.

5. In unserem Haus, da wohnen wir, da schlafen wir, da essen wir.
   Es schenkt uns ein Zuhause, es schenkt uns Freude,
   es schenkt Frieden.

6. In unserem Haus, da wohnen wir, da schlafen wir, da essen wir.
   Gott ist bei uns, er schenkt uns Frieden, er schenkt uns Freude.

T (Original): Gina Ruck-Pauquet, veränderter T: D. Güntner, M: Klaus Gräske

aus: Religionspädagogische Praxis, Handreichung für elementare Religionspädagogik, Jhg. 1980, Nr. III, S. 61 – © RPA-Verlag, Landshut

Für was ist unser Haus gut?

Das folgende kann zuerst in Gesten angedeutet werden.

Es gibt uns ein Dach über den Kopf: Das Haus schützt uns vor
Regen, Kälte, Wind.

LIED

2. In unserem Haus, da wohnen wir, da schlafen wir, da essen wir.
   Es schützt uns vor Regen, es schützt uns vor Kälte,
   es schützt uns vor dem Wind.

   Das Haus schenkt uns Wärme.

3. In unserem Haus, da wohnen wir, da schlafen wir, da essen wir.
   Es schenkt uns Wärme, es schenkt uns Licht,
   es schenkt uns Behaglichkeit.

   Das Haus schenkt uns Geborgenheit.

4. In unserem Haus, da wohnen wir, da schlafen wir, da essen wir.
   Es schenkt uns Geborgenheit, es schenkt uns Gemeinschaft,
   es schenkt uns Nähe.

   Das Haus schenkt uns Zuhause.

5. In unserem Haus, da wohnen wir, da schlafen wir, da essen wir.
   Es schenkt uns ein Zuhause, es schenkt uns Freude,
   es schenkt Frieden.

GEBET
Wir wollen beten:

Guter Gott,
wir sind heute hier zusammengekommen,
um deinen Segen für dieses Haus zu erbitten.
Das Haus schenkt uns Schutz und Geborgenheit,
Wärme und ein Zuhause.
Es ist ein Ort des Friedens und der Freude.
All das kommt von dir.
Wenn wir heute deinen Segen erbitten, bitten wir darum,
dass du uns das alles jeden Tag neu schenkst.
Amen.

LIED
6. In unserem Haus, da wohnen wir, da schlafen wir, da essen wir.
Gott ist bei uns, er schenkt uns Frieden, er schenkt uns Freude.

LESUNG – Gen 9,11–13
In jedem Gottesdienst hören wir eine Geschichte von Gott.
Heute hören wir eine besondere Geschichte.
Sie erzählt von einem Mann, der Noah heißt.
Noah hat kein Glück im Leben. Er erlebt, wie alles um ihn herum kaputt geht und wie alles Leben vernichtet wird. Er erlebt eine ganz, ganz schlimme Zeit. Wie er nun da steht und alles weg war, da gibt Gott ihm ein großes, großes Versprechen. Das will ich euch aus der Bibel vorlesen:
Gott sprach zu Noah und seiner Familie:

Ich habe Freundschaft mit euch geschlossen: Nie wieder sollen alle Lebewesen umkommen, und nie wieder soll alles kaputt gehen und zerstört werden.

Ich gebe euch und allen Menschen ein Zeichen meiner Freundschaft. Meinen Bogen setzte ich in die Wolken. Er soll das Zeichen der Freundschaft zwischen mir und der Erde sein.

AUSDEUTENDE AKTION – FÜRBITTEN
Die Bibel erzählt hier von einem Bogen in den Wolken. Was ist das?
KINDER: Regenbogen.
Dieser Regenbogen aus der Bibel steht auch über unserem Haus. Das Versprechen, das Gott Noah gibt, das gibt er auch uns.

Ich habe hier noch andere Tücher. Sie tragen die Farben des Regenbogens. Wir können sie über unser Haus legen und zu jeder Farbe eine Bitte zu Gott sprechen.

Die Fürbitten können frei formuliert oder abgelesen werden.

Was sollen wir Gott für unser Haus bitten?

KIND: Guter Gott schütze unser Haus.
  Wir bitten dich, erhöre uns.
Ein Tuch des Regenbogens wird über das Haus gelegt.

ERWACHSENER: Guter Gott, erhalte unser Haus.
  Wir bitten dich, erhöre uns.
Ein Tuch des Regenbogens wird über das Haus gelegt.

KIND: Über unserem Haus soll immer die Sonne scheinen.
  Wir bitten dich, erhöre uns.
Ein Tuch des Regenbogens wird über das Haus gelegt.

ERWACHSENER: Schenke unserem Haus Frieden und Freude.
  Wir bitten dich, erhöre uns.
Ein Tuch des Regenbogens wird über das Haus gelegt.

Guter Gott,
dein Himmelsbogen leuchtet über unserem Haus. Er zeigt uns,
dass wir zu dir gehören und dass du unsere Bitten hörst.
Amen.

LIED

6. In unserem Haus, da wohnen wir, da schlafen wir, da essen wir.
Gott ist bei uns, er schenkt uns Frieden, er schenkt uns Freude.

ÜBERLEITUNG

Wir gehen jetzt in jedes einzelne Zimmer und werden es im Namen Gottes segnen.
Wir nehmen dazu die Kerze und dieses Weihwasser mit. Es erinnert uns an den Regenbogen. Damit wollen wir jeden Raum ein wenig besprengen. In jedem Raum steht auch eine Blume. Ihr habt sie zusammen ausgesucht. Sie zeigt uns das Leben, das den Raum erfüllt.

EINGANG – SONNENBLUME

Die Blume wird gemeinsam mit den Kindern betrachtet und beschrieben.

Die Blume zeigt uns Wärme und Sonnenschein. Sie steht für Offenheit und Freundlichkeit, sie steht dafür, dass Menschen gerne in diesem Haus ein- und ausgehen und darin Gäste sind.

SEGNUNG

Wir wollen beten:
**Guter Gott, schenke diesem Haus deinen Geist der Freundlichkeit, der die Türen für Menschen öffnet, der sie einlässt in das Haus und in die Gemeinschaft seiner Bewohner.
Dieser Raum sei gesegnet im Namen des Vaters und des Sohnes und des Heiligen Geistes.
Amen.**

Der Priester, Kinder und Erwachsene besprengen den Raum dreimal mit Weihwasser.

LIED

Se - gen, Se - gen, Se - gen woh-ne hier.

M/T: überliefert

WOHNZIMMER – ROSE

Die Blume wird gemeinsam mit den Kindern betrachtet und beschrieben.

Die Blume zeigt uns, dass sich die Menschen, die hier wohnen gern haben. Der eine ist dem anderen sehr wichtig und wertvoll. Sie achten aufeinander, respektieren sich und nehmen aufeinander Rücksicht.

SEGNUNG
Wir wollen beten:
Guter Gott, schenke diesem Haus deinen Geist der Liebe.
Die Liebe sieht in das Herz des anderen und versteht ihn.
Sie sucht nicht ihren Vorteil und verzeiht. Die Liebe sucht den Frieden und freut sich an der Wahrheit.
Dieser Raum sei gesegnet im Namen des Vaters und des Sohnes und des Heiligen Geistes.
Amen.

Der Priester, Kinder und Erwachsene besprengen den Raum dreimal mit Weihwasser.

LIED
Segen, Segen, Segen wohne hier.

KÜCHE/ESSECKE – GETREIDE

Das Getreide wird gemeinsam mit den Kindern betrachtet und beschrieben.

Das Getreide zeigt das Essen, das wir brauchen, um leben zu können. Wir dürfen satt werden und Gutes zum essen haben. Bei den Mahlzeiten kommen wir am Tisch zusammen und sind eine Gemeinschaft.

SEGNUNG
Wir wollen beten:
Guter Gott, schenke diesem Haus deinen Geist der Fürsorge.
Du sättigst alles, was lebt. Du sorgst dich um alle Menschen und willst, dass sie haben, was sie brauchen.
Dieser Raum sei gesegnet im Namen des Vaters und des Sohnes und des Heiligen Geistes.
Amen.

Der Priester, Kinder und Erwachsene besprengen den Raum dreimal mit Weihwasser.

LIED
Segen, Segen, Segen wohne hier.

Haussegnungsfeier

BAD – RINGELBLUME

Die Blume wird gemeinsam mit den Kindern betrachtet und beschrieben.

Die Blume zeigt uns die Pflege, mit der wir unserem Körper gut tun. Wenn wir uns eincremen oder baden, dann haben wir Spaß und Freude. Manchmal versorgen wir hier unsere Wunden und die Salbe heilt unsere Verletzungen.

SEGNUNG
Wir wollen beten:
**Guter Gott, schenke diesem Haus deinen Geist, der Heil bringt und Krankes heil macht. Er tut unserem Körper und unserer Seele gut und heilt die unsichtbaren und sichtbaren Wunden. Dieser Raum sei gesegnet im Namen des Vaters und des Sohnes und des Heiligen Geistes.
Amen.**

Der Priester, Kinder und Erwachsene besprengen den Raum dreimal mit Weihwasser.

LIED
Segen, Segen, Segen wohne hier.

KINDERZIMMER – ZITRONENTHYMIAN

Die Blume wird gemeinsam mit den Kindern betrachtet und beschrieben.

Die Blume zeigt uns, dass dieses kleine Zimmer erfüllt ist mit einem zarten Duft. In ihm steht ein wohliges Bett und viele kleine, »dufte« Spielsachen.

SEGNUNG
Wir wollen beten:
**Guter Gott, schenke diesem Haus deinen Geist der Freude, der die kleinen Dinge sieht und sie in ihrem großen Wert erkennt. Dieser Raum sei gesegnet im Namen des Vaters und des Sohnes und des Heiligen Geistes.
Amen.**

Der Priester, Kinder und Erwachsene besprengen den Raum dreimal mit Weihwasser.

LIED
Segen, Segen, Segen wohne hier.

Haussegnungsfeier

KINDERZIMMER – MOHN

Die Blume wird gemeinsam mit den Kindern betrachtet und beschrieben.

Die Blume zeigt uns zarte Feinheit. Sie ist klein und doch strahlt ihre Farbe hell.

SEGNUNG
Wir wollen beten:
Guter Gott, schenke diesem Haus deinen Geist, der in jede Dunkelheit hinein strahlt.
Dieser Raum sei gesegnet im Namen des Vaters und des Sohnes und des Heiligen Geistes.
Amen.

Der Priester, Kinder und Erwachsene besprengen den Raum dreimal mit Weihwasser.

LIED
Segen, Segen, Segen wohne hier.

KINDERZIMMER – RITTERSPORN

Die Blume wird gemeinsam mit den Kindern betrachtet und beschrieben.

Die Blume zeigt uns Vielfalt und große Lebendigkeit. Sie zeigt uns ein großes Zimmer, in dem viele Spielideen geboren und viele farbige Geschichten erzählt werden.

SEGNUNG
Wir wollen beten:
**Guter Gott, schenke diesem Haus deinen Geist der Lebendigkeit, der Freude hat an der Vielfalt und der dem Haus immer neue Geschichten und Abenteuer schenkt.
Dieser Raum sei gesegnet im Namen des Vaters und des Sohnes und des Heiligen Geistes.
Amen.**

Der Priester, Kinder und Erwachsene besprengen den Raum dreimal mit Weihwasser.

LIED
Segen, Segen, Segen wohne hier.

Haussegnungsfeier

ELTERNSCHLAFZIMMER – LAVENDEL

Die Blume wird gemeinsam mit den Kindern betrachtet und beschrieben.

Die Blume zeigt uns Entspannung und Erholung. Im Schlafzimmer ruhen wir uns aus und schöpfen neue Kraft.

SEGNUNG

Wir wollen beten:
Guter Gott, schenke diesem Haus deinen Geist der Ruhe, der den Alltag unterbricht und den Menschen eine Pause schenkt. In ihr können sie neu Atem holen und ihre Kraft erneuern.
Dieser Raum sei gesegnet im Namen des Vaters und des Sohnes und des Heiligen Geistes.
Amen.

Der Priester, Kinder und Erwachsene besprengen den Raum dreimal mit Weihwasser.

LIED

Segen, Segen, Segen wohne hier.

ARBEITSZIMMER/HOBBYRAUM – KLIMATIS

Die Blume wird gemeinsam mit den Kindern betrachtet und beschrieben.

Die Blume zeigt uns langsames aber beständiges Wachstum, das ab und zu mit einer Blüte gekrönt ist.

SEGNUNG
Wir wollen beten:
Guter Gott, schenke diesem Haus deinen Geist der Beharrlichkeit, der in kleinen Schritten vorankommt und Neues entstehen lässt. Dieser Raum sei gesegnet im Namen des Vaters und des Sohnes und des Heiligen Geistes. Amen.

Der Priester, Kinder und Erwachsene besprengen den Raum dreimal mit Weihwasser.

LIED: Segen, Segen, Segen wohne hier.

ABSCHLUSS

Alle gehen zum Ausgangspunkt der Feier zurück.

Guter Gott,
wir beten um deinen Segen für unser Haus.
In ihm soll dein Heiliger Geist wohnen und dein Himmelsbogen soll über dem Haus leuchten.
Erfülle das Haus mit Frieden und Freude.
Darum bitten wir durch Christus, unseren Herrn. Amen.

GEBET
Vaterunser

LIED: Segen, Segen, Segen wohne hier.

Haussegnungsfeier

SEGENSFEIER ANLÄSSLICH DER GEBURT EINES GESCHWISTERKINDES

Die Feier kann in jeder Gruppe gefeiert werden, in der einem Gruppenmitglied ein Geschwisterkind geboren wird. Mit der Geburt eines neuen Familienmitglieds verändert sich die Welt grundlegend. Nahezu nichts mehr ist so, wie es einmal war. Was das ältere Kind bisher alleine beanspruchen konnte, muss es jetzt teilen. Das betrifft die Zuwendung der Eltern ebenso wie die Sitzordnung am Tisch oder die Raumaufteilung im Kinderzimmer. Eine neue Familienkonstellation entsteht. Das ältere Kind bekommt in der Familie einen anderen Platz. Es ist nicht mehr das einzige oder das jüngste Kind in der Familie. Durch diese Veränderung muss es auch die Privilegien aufgeben, die mit seinem bisherigen Platz verbunden waren. Das ältere Kind muss lernen, seinen neuen Platz zu finden und auszufüllen. Nicht nur für Kinder bedeutet diese Situation eine hohe Anforderung. Es kann hilfreich sein, das ältere Kind in die Pflege und Fürsorge für den Bruder oder die Schwester einzubeziehen. Dadurch kann eine erste Beziehung unter den Geschwistern wachsen. Gleichzeitig verändert sich die Beziehung zu den Eltern: Das größere Kind wird zum Partner und Mitarbeiter in der Familienarbeit. Das bedeutet für das Kind einen positiven Fortschritt. Neue Privilegien entstehen: Das Kind darf Dinge machen, die es bisher nicht machen durfte. Jedes Lob fördert die Freude an dieser neuen Situation. Die Segensfeier kann helfen, diese positiven Gefühle gegenüber dem Neugeborenen zu stärken.

Sie kann auch helfen das neue Familienmitglied in den eigenen Lebenskreis zu integrieren.

Die Kinder der Gruppe nehmen das kleine Kind sehr unterschiedlich wahr. Die einen bestaunen das Baby, andere nehmen es zur Kenntnis oder übersehen es schlichtweg. Einzig die anderen Mütter und Väter oder Erzieherinnen nehmen mit dem Kind aktiv Kontakt auf und sprechen es an. In der Segensfeier wird das Kind in den Mittelpunkt der Gruppe gestellt. Die Kinder können es als Gemeinschaft wahrnehmen und einen Bezug zu ihm knüpfen. Sie erleben sich als die Älteren, die einen jüngeren und noch hilflosen Menschen aufnehmen und im Gebet für ihn Sorge tragen können. Sie nehmen auch den älteren Bruder oder die ältere Schwester in seiner bzw. ihrer neuen Rolle wahr. Das ist eine neue Erfahrung für das ältere Kind, dem dadurch die Annahme und Gestaltung der veränderten eigenen Rolle und Identität erleichtert werden kann.

Für die Segensfeier wurde der Originaltext des Liedes »Meine Füße hast du wunderbar gemacht« in den Strophen stark verändert.

Benötigt werden:
- ein großes, helles Tuch
- eine Jesuskerze
- eine Bibel, in der ein großes und schönes Schöpfungsbild ist
- ein Korb
- ein Babyschuh
- ein Babyhandschuh
- ein Bilderbuch, mit bunten Bildern
- eine Glocke
- ein Mikrophon
- eine Feder
- Teller und Becher
- eine Blume, die duftet

Die Kinder sitzen im Stuhlkreis. In der Mitte befindet sich das große Tuch.

Geburt eines Geschwisterkindes

ERÖFFNUNG UND BEGRÜSSUNG

Heute haben wir hier uns zu einem ganz besonderen Anlass versammelt.

Wir wollen die Geburt von NN feiern. Seine/ihre Schwester/Bruder gehört zu unserer/eurer Gruppe. Ihr alle habt ganz nah erlebt, wie NN auf die Welt gekommen ist. Wir alle freuen uns sehr darüber.

Das ist ein Grund zum Feiern. Er/sie und seine/ihre Mutter/Vater sind heute da, um mit uns zu feiern. Wir begrüßen sie ganz herzlich.

Wir haben uns versammelt, um Gott, zu danken, dass NN bei uns ist. Wir wollen Gott in diesem Gottesdienst um seinen Segen für NN bitten.

Für unseren Gottesdienst müssen wir noch etwas herrichten. Unsere Mitte ist noch leer. Was brauchen wir?

KINDER: Bibel und Jesuskerze.

Die Leiterin lässt Kindern die Bibel und die Jesuskerze in die Mitte stellen. Sie zündet die Kerze mit einem Streichholz an.

Alles ist nun vorbereitet. Jetzt können wir gemeinsam mit dem Kreuzzeichen der Kinder beginnen:

Lieber Gott, ich denk an dich,
Alle machen ein kleines Kreuzzeichen auf die Stirn,
ich sprech' von dir,
auf dem Mund
ich liebe dich,
und auf das Herz.
lieber Gott, beschütze mich.

LIED

M: Detlev Jöcker, T: Rolf Krenzer
aus: Das Liederbuch zum Umhängen 1
© Menschenkinder Verlag u. Vertrieb GmbH, Münster

WORTE AN DAS KIND

Liebe/r NN!
Wir freuen uns, dass du da bist und dass du uns heute mit deinen Eltern besuchst.
 Neun Monate lang haben wir auf dich gewartet. Manche von uns haben gesehen, wie du im Bauch deiner Mutter groß geworden bist. Jetzt bist du da und wir freuen uns sehr. Wir wollen, dass du unsere Freude spürst und dass es dir gut geht. Deswegen danken wir Gott und bitten um seinen Segen für dich.

Geburt eines Geschwisterkindes

GEBET

Wir beten zu Gott. Dazu setzen wir uns gerade hin und legen die Hände zusammen.
Wir werden einen kleinen Moment still.

Guter Gott,
du schenkst uns Kindern das Leben,
von dir kommt alles Leben.
Wir wollen dir danken für NN.
Du hast ihn/sie ganz wunderbar gemacht.
Das freut uns sehr.
Amen.

HINFÜHRUNG ZUR LESUNG

Die Leiterin nimmt die Bibel öffnet sie bei dem Schöpfungsbild. Sie zeigt allen Kindern das Bild und regt sie an, das Bild zu beschreiben.

LESUNG – Gen 1,1.25c.27a.28a
In der Bibel steht zu dem Bild:

Gott machte den Himmel und die Erde
Gott sah, dass es gut war.

LIED

Melodie: *Meine Füße hast du wunderbar gemacht!*
aus: *Lieber Gott, du hörst mein Lied*
© Claire Schmid, Im Chrummenacher 60, CH-8315 Lindau

Die Leiterin spricht zuerst den Text, dann singt sie das Lied. Anschließend fordert sie die Kinder auf, mitzusingen.

Da steht noch etwas. Wir hören weiter:

Gott machte den Menschen.
Gott segnete ihn.

LIED

2. Den Menschen hast du wunderbar gemacht:
   er kann träumen, er kann spielen, er kann froh sein
   und auch lieben,
   den Menschen hast du wunderbar gemacht!

Geburt eines Geschwisterkindes

Die Leiterin spricht zuerst den Text, dann singt sie das Lied. Anschließend fordert sie die Kinder auf, mitzusingen.
Die Leiterin legt die Bibel offen in den Mittelpunkt.

LOBPREIS

Wenn wir NN anschauen, dann sehen wir, dass Gott ihn/sie wunderbar gemacht hat. Was hat er an ihm/ihr so wunderbar gemacht?

Die Leiterin kann einige spontane Äußerungen der Kinder sammeln.

Ich habe hier einen Korb. Da finden wir Dinge, die uns helfen.

Die Kinder können nacheinander die Gegenstände ziehen und sie im Kreis um den Mittelpunkt legen. Die Leiterin führt zu jedem Gegenstand mit den Kindern ein kurzes Gespräch und lässt ihn auf die Kinder wirken. Dann spricht sie das Gebet und führt das Lied wie oben ein. Sehr kleine Kinder, denen das Mitsingen schwer fällt, können sich Rhythmikinstrumente (Rasseln o.Ä.) nehmen und das Lied jeweils damit begleiten.

Schuh

Der Schuh erinnert uns an die Füße des kleinen NN.
Was kann er/sie damit machen?
Er/sie kann laufen, springen, hüpfen, tanzen!

Wir beten:
Guter Gott, du hast NN's Füße wunderbar gemacht.
KINDER: Wir danken dir dafür. Amen.

LIED

3. Seine/ihre Füße hast du wunderbar gemacht:
   Er/sie kann laufen, sie kann springen, sie kann hüpfen,
   sie kann tanzen, seine/ihre Füße hast du wunderbar gemacht!

Handschuh
Der Handschuh erinnert uns an die Hände des kleinen NN.
Was kann er/sie damit machen?
Er/sie kann greifen, tasten, er/sie kann in die Hände klatschen.

Wir beten:
Guter Gott, du hast NN's Hände wunderbar gemacht.
KINDER: Wir danken dir dafür. Amen.

LIED
4. Seine/ihre Hände hast du wunderbar gemacht:
   Er/sie kann greifen, er/sie kann tasten,
   er/sie kann in die Hände klatschen,
   seine/ihre Hände hast du wunderbar gemacht!

Bilderbuch
Das Bilderbuch erinnert uns an alles, was NN mit seinen/ihren Augen sehen kann.

Wir beten:
Guter Gott, du hast NN's Augen wunderbar gemacht.
KINDER: Wir danken dir dafür. Amen.

LIED
5. Seine/ihre Augen, hast du wunderbar gemacht:
   Er/sie kann sehen, er/sie kann staunen, er/sie kann weinen,
   er/sie kann strahlen,
   seine/ihre Augen hast du wunderbar gemacht!

Glocke
Die Glocke erinnert uns an alles, was NN mit seinen/ihren Ohren hören kann.

Geburt eines Geschwisterkindes

Wir beten:
Guter Gott, du hast NN's Ohren wunderbar gemacht.
KINDER: Wir danken dir dafür. Amen.

LIED

6. Seine/ihre Ohren hast du wunderbar gemacht:
    Er/sie kann hören, er/sie kann lauschen,
    er/sie kann Stimmen unterscheiden,
    seine/ihre Ohren hast du wunderbar gemacht!

Mikrophon

Das Mikrophon erinnert uns an alles, was NN mit seiner/ihrer Stimme machen kann.

Wir beten:
Guter Gott, du hast NN's Stimme wunderbar gemacht.
KINDER: Wir danken dir dafür. Amen.

LIED

7. Seine/ihre Stimme hast du wunderbar gemacht:
    Er/sie kann lachen, er/sie kann rufen, er/sie kann singen,
    er/sie kann schreien,
    seine/ihre Stimme hast du wunderbar gemacht!

Feder

Die Feder erinnert uns an alles, was NN auf seiner/ihrer Haut spüren kann.

Wir beten:
Guter Gott, du hast NN's Haut wunderbar gemacht.
KINDER: Wir danken dir dafür. Amen.

LIED

8. Seine/ihre Haut hast du wunderbar gemacht:
   Er/sie kann fühlen, er/sie kann spüren,
   er/sie kann Wärme weitergeben,
   seine/ihre Haut hast du wunderbar gemacht!

Teller und Becher
Der Teller und Becher erinnert uns an alles, was NN mit seinem/ihrem Mund machen kann.

Wir beten:
Guter Gott, Du hast NN´s Mund wunderbar gemacht.
KINDER: Wir danken dir dafür, Amen.

LIED

9. Seinen/ihren Mund hast du wunderbar gemacht:
   Er/sie kann essen, sie kann trinken, sie kann beißen,
   sie kann schmecken,
   seinen/ihren Mund hast du wunderbar gemacht!

Blume
Die Blume erinnert uns daran, dass NN mit seiner/ihrer Nase riechen kann.

Wir beten:
Guter Gott, du hast NN's Nase wunderbar gemacht.
KINDER: Wir danken dir dafür. Amen.

LIED

10. Seine/ihre Nase hast du wunderbar gemacht:
    Er/sie kann riechen, er/sie kann atmen und an den Blumen
    schnuppern, seine/ihre Nase hast du wunderbar gemacht!

Geburt eines Geschwisterkindes

HINFÜHRUNG ZUR SEGNUNG

Die Leiterin nimmt die offene Bibel.

In der Bibel lesen wir:
Gott macht den Menschen.
Gott machte NN.
Gott segnet den Menschen.
Gott segnet NN.

Die Leiterin legt die Bibel wieder geöffnet in den Mittelpunkt.

GEBET

Guter Gott,
NN hast du wunderbar gemacht: Er/sie kann träumen, er/sie kann spielen, er/sie kann froh sein und auch lieben,
NN hast du wunderbar gemacht.

Die Leiterin spricht zuerst, dann singt sie und ermuntert alle zum mitsingen.

SEGNUNG

Guter Gott,
du hast alles wunderbar gemacht.
Wir danken dir dafür.

Wir bitten dich:
Schenke NN deinen Segen, damit es ihr/ihm gut geht.
Wir bitten dich: Schenke ihm/ihr deinen Segen.
KINDER: **Schenke ihm/ihr deinen Segen.**

Ihr könnt jetzt jeder zu NN hingehen. Ich rufe euch dazu einzeln beim Namen. Ihr könnt eure Hand so über seinen/ihren Kopf halten und zu ihm/ihr sagen:

NN, Gott segne dich.

Anstelle der Einzelsegnung ist es auch möglich, dass die Kinder an ihren Plätzen bleiben, eine Hand zu dem Kind ausstrecken und gemeinsam den Segensspruch sagen.

LIED

1. Gottes Liebe ist so wunderbar, Gottes Liebe ist so wunderbar, Gottes Liebe ist so wunderbar, so wunderbar groß.
So hoch, was kann höher sein? So tief, was kann tiefer sein? So weit, was kann weiter sein? So wunderbar groß!

T: mündlich überliefert
M: Spiritual

Geburt eines Geschwisterkindes

SEGENSFEIER ANLÄSSLICH DER VERABSCHIEDUNG VON GRUPPENLEITERN

Die Segensfeier kann im Kindergarten begangen werden, wenn eine Erzieherin oder Kinderpflegerin die Gruppe verlässt, oder in der Pfarrgemeinde, wenn ein Gruppenleiter sein Amt niederlegt. Wenn ein Gruppenmitglied die Gruppe verlässt, ist das ein Einschnitt im Leben der Gruppe. Umso einschneidender ist der Abschied von einem Mitglied der Gruppenleitung. In dieser Situation verliert die Gruppe eine ihrer Bezugspersonen. Umso bedeutsamer ist es, dass der Abschied gestaltet wird. Ein Element dieser Gestaltung kann diese Segensfeier sein. Sie regt an, Dank für die gemeinsam erlebte Zeit und gute Wünsche für den weiteren Weg auszudrücken. Damit verhilft die Feier den Betroffenen, den Weggang zu verarbeiten und anzunehmen. Insofern ist sie ein Element in der Trauerarbeit, die alle in einer solchen Situation mehr oder weniger zu leisten haben: den Schrecken und möglicherweise die Wut, die ein solcher Abschied hervorrufen kann, aufzugeben und die Situation als Moment des Danks und der Bitte für die Zukunft zu erfahren und anzunehmen.

Zur Feier ist eine Segensschwarte vorzubereiten. Sie besteht aus einer Holzschwarte, das ist der Längsanschnitt eines Baumstammes, der bei der Herstellung von Brettern in Sägereien als Abfall anfällt. Die Schwarte kann mit Dispersionsfarben bemalt werden. Jedes Kind aus der Gruppe kann einen Abschnitt frei gestalten. So entsteht ein buntes und vielfältiges Bild. Möglich ist auch, dass die Gruppe an einem gemeinsamen Motiv arbeitet. Die Segensschwarte ist das Symbol einer Himmelsleiter und zeigt die lebendige Beziehung zwischen Himmel und Erde: Sie führt in den Himmel hinauf, aber auch von ihm auf die Erde hinab.

Benötigt werden:
- eine Jesuskerze
- eine Bibel
- eine Stehleiter
- eine Segensschwarte
- bunte Tücher
- gelbe und orange Krepppapierbänder
- ein Glockenspiel

Die Kinder sitzen im Stuhlkreis. Auf der Kreislinie steht die Stehleiter. Im Mittelpunkt sind die Bibel und die Kerze. Die Kerze ist noch nicht angezündet. Die Schwarte liegt verdeckt im Hintergrund.

BEGRÜSSUNG

Heute ist der letzte Tag, an dem NN bei euch ist.
Das macht uns ein wenig traurig.

Wir wollen heute ganz besonders unsere Freundschaft zu NN spüren, dass wir NN gern haben, und ihm/ihr viele gute Wünsche mitgeben auf seinen/ihrem weiteren Weg.

Wir wollen dafür danken, dass er/sie bei uns war und ihm/ihr heute ein großes Geschenk mitgeben, damit er/sie oft an uns, an euch denkt.

Verabschiedung von Gruppenleitern

LIED

1. Heut ist Ab-schied, Heut ist Ab-schied, heu-te sa-gen wir auf Wie-der-sehn, heu-te sa-gen wir, ver-giss uns nicht!

M/T: Diana Güntner

ERÖFFNUNG

Wir begehen diesen Abschied nicht alleine. Gott ist mitten unter uns. Wir können ihn nicht sehen. Deswegen haben wir ein kleines Zeichen, das uns daran erinnert.

Die Leiterin zündet die Jesuskerze mit einem Streichholz an.

Und so beginnen wir unseren Gottesdienst mit dem Kreuzzeichen der Kinder:

Lieber Gott, ich denk an dich,
Alle machen ein kleines Kreuzzeichen auf die Stirn,
ich sprech' von dir,
auf dem Mund
ich liebe dich,
und auf das Herz.
lieber Gott, beschütze mich.

HINFÜHRUNG

Wir wollen in unserem Gottesdienst Gott für die gute Zeit mit NN danken.
Wir wollen alles Gute von Gott für NN erbitten. Wir wollen Gott um seinen Segen für NN bitten.

Der Segen kommt von Gott. Es ist die gute Kraft, die Gott uns schenkt.
Wo spüren wir diese gute Kraft?
KINDER: Im Herzen!
Legen wir alle einen Moment die Hand auf unser Herz und atmen tief ein und aus.
Heute bitten wir um diese Kraft, wir bitten den Segen für NN.

GEBET
Heut ist Abschied. Guter Gott, du feierst mit uns mit; guter Gott, du bist bei uns. Wir dürfen zu dir beten:

Guter Gott,
wir dürfen dir danken, dass NN immer für uns da war.

LIED
2. Heut ist Abschied. Guter Gott, du feierst mit uns mit;
guter Gott, du bist bei uns.

Guter Gott,
wir dürfen dir unsere Wünsche für NN anvertrauen, denn von dir kommt alles Gute.

LIED
2. Heut ist Abschied. Guter Gott, du feierst mit uns mit;
guter Gott, du bist bei uns.

Guter Gott,
du schenkst den Menschen deinen Segen.

LIED
2. Heut ist Abschied. Guter Gott, du feierst mit uns mit;
guter Gott, du bist bei uns.

Verabschiedung von Gruppenleitern

Guter Gott,
du bist bei uns und schenkst uns deinen Segen.
Bei dir sind wir geborgen.
Daran wollen wir immer denken.
Amen.

HINFÜHRUNG ZUR LESUNG
In jedem Gottesdienst hören wir eine Geschichte von Gott.
Wo finden wir diese Geschichten?
KINDER: In der Bibel!

Heute hören wir eine Segensgeschichte. In dieser Geschichte geht es um eine Leiter. Wir haben hier so eine Leiter stehen.

Die Leiterin zeigt auf die Stehleiter.

Schauen wir sie uns mal an.
Ist sie besonders schön?
Was macht man mit einer Leiter?
Man kann von weit oben Dinge holen.

Die Leiterin macht die entsprechende Geste.

Was kann man denn da so holen?

Nach jeder oder nach mehreren Antworten der Kinder wird das Lied wiederholt.

LIED

Wenn du auf ei - ne Lei - ter steigst, kannst
du von o - ben ho - len. Wenn du auf ei - ne
Lei - ter steigst, kannst du von o - ben ho - len.

T/M: Diana Güntner

Zum Lied macht die Leiterin die entsprechenden Gesten.

Von einer Leiter kann man Sachen von oben herunterholen.
Kann man noch etwas mit einer Leiter machen?
KINDER: Sachen nach oben tragen.

LIED

Wenn du auf eine Leiter steigst, kannst du nach oben bringen.
Wenn du auf eine Leiter steigst, kannst du nach oben bringen.

Zum Lied macht die Leiterin entsprechende Gesten.

In unserer Geschichte aus der Bibel geht es um eine Leiter.
Aber um keine Leiter, wie wir sie hier sehen.

Es geht um eine Traumleiter.
Schaut so eine Traumleiter aus?
KINDER: Nein!

Die Leiterin verdeckt die Leiter mit farbigen Tüchern.

Schaut so eine Traumleiter aus?

Verabschiedung von Gruppenleitern

Schließt eure Augen. Versucht euch eine Traumleiter vorzustellen. Wie schaut eine Traumleiter aus?

Während die Kinder die Augen geschlossen halten, spielt die Leiterin auf dem Glockespiel langsam Dreiklänge nach oben und nach einer kleinen Pause nach unten.
Sie lässt die Kinder die Augen öffnen und fragt sie nach ihren Bildern.
Dann nimmt sie die Schwarte und stellt sie an der Stehleiter auf.

Schaut so eine Traumleiter aus?

Stell dir vor:
Du gehst auf der Traumleiter nach oben. Was trägst du auf deiner Traumleiter nach oben? Und was kommt dir auf deiner Traumleiter entgegen?

Die Leiterin spielt auf dem Glockenspiel die Melodie des Liedrufes »Traumleiter«. Dann singt sie den Kindern den Traumleiter-Ruf vor. Bei der Wiederholung fordert sie die Kinder auf, mitzusingen.

LIED

Traum - lei - ter, Traum - lei - ter,
schenkst mir Träu - me, Traum - lei - ter

LESUNG – Gen 28,12

Die Leiterin nimmt die Bibel und öffnet sie.

In der Bibel hören wir von einer solchen Traumleiter.

Wenn ein Bild von der Leiter in der Bibel ist, kann es den Kindern gezeigt werden.

Die Geschichte erzählt von Jakob:

Da hatte Jakob einen Traum:
Er sah eine Leiter, die auf der Erde stand
und bis in den Himmel reichte.
Auf ihr stiegen Engel auf und nieder.
Ganz oben stand Gott. Er sagte zu Jakob:
Ich bin mit dir und behüte dich, wohin du auch gehst.

Die Leiterin legt die Bibel geöffnet in den Mittelpunkt zurück.

DEUTUNG

Wer weiß noch, wohin die Leiter in dem Traum von Jakob ging?
KINDER: Bis in den Himmel!

Die Traumleiter Jakobs ist eine Himmelsleiter!
Eine Himmelsleiter führt von der Erde bis in den Himmel hinauf.

Die Leiterin geht in die Hocke und streckt sich dann ganz nach oben.
Dann singt sie den Liedruf »Himmelsleiter« vor und ermuntert die Kinder mitzusingen.

Verabschiedung von Gruppenleitern

LIED

1.–4. Him - mels - lei - ter,   Him - mels - lei - ter,

1. führst   zum   Him - mel,   Him - mels - lei - ter.
2. führst   zu   Gott,_____   Him - mels - lei - ter.
3. trägst   meine   Bit - ten   zu   dir,   mein Gott
4. bringst den   Se - gen   von   dir,   mein Gott.

M/T: Diana Güntner

Im Himmel wohnt Gott.

LIED

Himmelsleiter, Himmelsleiter, führst zu Gott, Himmelsleiter.

Mit einer solchen Leiter können wir bis in den Himmel zu Gott hinauf! Wir bringen Gott unsere Bitten.

LIED

Himmelsleiter, Himmelsleiter, trägst meine Bitten zu dir, mein Gott.

Auf der Himmelsleiter kommt der Segen Gottes zu uns.

LIED

Himmelsleiter, Himmelsleiter, bringst den Segen von dir, mein Gott.

SEGNUNG

Wir wollen um den Segen beten:
Guter Gott,
du öffnest deinen Himmel und gibst uns eine Leiter zu dir.
NN ist oft auf dieser Leiter unterwegs gewesen. Er/sie hat uns von dir Freude, Wärme, Sorge, Trost und Freundschaft gebracht.
Oft hatte er/sie alle Hände voll.

Guter Gott,
heute wollen wir von dir das alles erbitten: Freude, Wärme, Sorge, Trost und Freundschaft.

Guter Gott,
wir bitten dich, segne NN. Behüte und beschütze ihn/sie, sei immer bei ihm/ihr und steh ihm/ihr in allem bei. Amen.

Jeder kann für seine Bitten nun an unsere Himmelsleiter ein gelbes Band binden.

Die Kinder nehmen sich ein Papierband und binden es an die Schwarte. Es ist gut, wenn ein Erwachsener dabei steht und den Kindern hilft. Dazu kann der Liedruf von der Himmelsleiter wiederholend gesungen werden, dazwischen Gitarrenspiel.

ENTLASSUNG

Wir sind am Ende unseres Gottesdienstes. Liebe/liebe NN, wir freuen uns immer über einen Besuch von dir. Die Himmelsleiter mit den vielen bunten Bändern soll dich begleiten und dich an uns und unsere Feier erinnern.

LIED

Heut ist Abschied, heute sagen wir auf Wiedersehen.

Verabschiedung von Gruppenleitern

SEGENSFEIER ANLÄSSLICH DER VERABSCHIEDUNG DER VORSCHULKINDER

Diese Segensfeier kann im Rahmen des Kindergartens begangen werden oder die Pfarrgemeinde mit einbeziehen, indem die Segnung in den Gemeindegottesdienst am Sonntag aufgenommen wird. Feiert der Kindergarten alleine ist es möglich, den Gottesdienst an einem Werktagvormittag zu veranstalten oder im Rahmen des jährlichen Sommer- oder Jahresabschlussfestes.

Mit der Verabschiedung geht für die Kinder, die Eltern und das pädagogische Personal ein Lebensabschnitt zu Ende. Die enge Beziehung der Kinder zum Kindergarten, zur Erzieherin, zum Gruppenraum, zu den Freunden nimmt ein Ende. Manche der Freunde werden sie in der Schule wieder sehen, andere werden sie aus den Augen verlieren. Auch die Eltern erleben einen Abschied. Der tägliche, zweimalige Gang zum Kindergarten, der in den letzten zwei bis vier Jahren den Tagesablauf geprägt hat, hört auf. Das bedeutet nicht nur eine Umstellung des Tagesrhythmus: Manche Kontakte zu anderen Müttern und Vätern gehen verloren. Der Abschied vom Kindergarten ist für viele Betroffene ein wichtiger Moment. Die Segensfeier führt sie zusammen und bietet ihnen Raum, diesen Abschied angemessen zu begehen. In diesem Raum werden gute Erinnerungen geschaffen. Das gemeinsame Photo am Ende der Feier ist für die Familienchronik und das Photoalbum des Kindes wichtig. Mit dem Bild können alle Beteiligten Erinnerungen verbinden, die über die konkrete Feier hinausgehen und manches gute Erlebnis aus den vergangenen drei oder vier Jahren berühren.

Wird die Feier im Rahmen einer Gemeindefeier begangen, kann noch eine weitere Erfahrung hinzukommen: Die Pfarrgemeinde kann als Gemeinschaft erfahren werden, die über die Jahre hinweg Menschen in ihrem Leben berührt und begleitet. Über allen Wechsel hinaus bleibt diese eine Bezugsgruppe konstant. Das kann Kindern und Eltern den Abschied erleichtern, denn sie erleben: Hier ist ein Raum, in dem wir uns wieder und auch weiterhin begegnen können.

Das Modell beschreibt die Feier als Kindergartenfeier. Es ist wichtig, dass die Kinder die Lieder gut singen können. Die Lieder tragen sehr viel zum festlichen und freudigen Charakter des Gottesdienstes bei. Sie sollten deswegen aus dem Gruppenalltag kommen und Lieder sein, die die Kinder oft und gern gesungen haben. In dem Modell werden deswegen nur wenig konkrete Lieder angegeben. Wird die Segnung im Rahmen eines Gemeindegottesdienstes begangen, dann muss das Modell entsprechend verändert werden. Es ist sinnvoll, dass der Ortspfarrer oder sein Vertreter die Feier leitet.

Im Gottesdienst wird den Kindern ein Segensband um die Schultern gelegt. Am besten sind schmale helle Stoffbänder (z.B. Geschenkbänder) geeignet. Die Bänder sollen so lang sein, dass sie wie ein kurzer Schal oder Stola auf den Schultern der Kinder liegen bleiben und nicht herunterrutschen. Auf dem Band ist jeweils der Name des Kindes und der Segensspruch »Gott mache dich groß« geschrieben. Schön ist es, wenn die Schrift glitzert und wertvoll aussieht.

Verabschiedung der Vorschulkinder

Benötigt werden:
- ein großes helles Bodentuch
- ein Kreuz
- eine Bibel
- Gruppenkerzen und entsprechend viele Kerzenständer
- gelbe, orange, grüne, rote und blaue Tücher
- jeweils ein gelbes, rotes, schwarzes und grünes Tuch aus einem anderen Material, gut sind Chiffontücher

Die Kinder des Kindergartens sitzen auf Stühlen im Halbreis oder in Kirchenbänken. Für die Vorschulkinder sind Plätze freigehalten. Vorne liegt ein großes Tuch, auf dem das Kreuz, die Bibel und die Kerzen auf den Kerzenständern abgestellt werden. Dort befinden sich auch bereits die Segensbänder für die Vorschulkinder.

EINZUG

Die Vorschulkinder und der Pfarrer ziehen zusammen ein. Die Kinder gehen voran. Sie tragen ein Kreuz, die Gruppenkerzen und eine Bibel. Sie stellen alles geordnet auf das große Tuch ab. Dazu singen alle das Eingangslied.

ERÖFFNUNG UND BEGRÜSSUNG

Liebe Kinder, heute ist für viele von euch ein besonderer Tag. Auch wenn die großen Ferien noch nicht begonnen haben, feiern wir heute schon den Abschied der Vorschulkinder.

Ich freue mich, dass ich diesen Tag mit euch hier in unserer Kirche und in einem Gottesdienst feiern darf.

Wir beginnen unseren Gottesdienst mit dem Kreuzzeichen der Kinder:

Lieber Gott, ich denk an dich,
Alle machen ein kleines Kreuzzeichen auf die Stirn,
ich sprech' von dir,
auf dem Mund
ich liebe dich,
und auf das Herz.
lieber Gott, beschütze mich.

LIED

GEBET
Wenn wir Gottesdienst feiern, ist Gott bei uns. Wir können zu ihm beten. Dazu setzen wir uns gerade hin.

Lieber Gott,
wir kommen zu dir, weil du uns liebst.
Die Vorschulkinder werden bald in die Schule gehen.
Das freut uns alle sehr.
Wir bitten dich, sei bei uns, wenn wir Abschied nehmen.
Amen.

HINFÜHRUNG
Liebe Kinder, ihr seid viele Jahre in den Kindergarten gegangen. Ganz am Anfang habt ihr zu den Kleinen gehört, jetzt seid ihr die Großen. Es war eine schöne Zeit im Kindergarten. Ihr habt viele glückliche Tage erlebt.
  Wir wollen uns zusammen an diese Zeit erinnern.
  Ich habe hier viele Tücher in verschiedenen Farben. An was erinnern uns die Farben?

Verabschiedung der Vorschulkinder

Die Tücher sind nach Farben sortiert gestapelt. Die Leiterin wendet sich jeweils einer Farbe zu, zeigt sie den Kindern und versucht im Dialog Erinnerungen damit zu verbinden. Anschließend werden die Tücher längs wie ein Schal gefaltet und wenn möglich von Kindern in einem Halbkreis in die Mitte gelegt. Dazwischen kann jeweils ein passendes Lied aus dem Liederschatz des Kindergartens gesungen werden.
Mögliche Erinnerungen können sein:

Gelb
an die Sonne und die Wärme, an das Fröhlichsein und Glücklichsein

Grün
an den Garten, den Spielplatz, die Bäume

Blau
an das Schwimmen, den Himmel

Orange/rot
Blumen

Unser Bild ist ganz bunt geworden. So bunt wie das Leben in unserem Kindergarten ist. Im Kindergarten geht es uns gut.

GEBET
Lieber Gott,
du schenkst uns den Kindergarten,
du schenkst uns die Sonne, die Wärme, den Garten und die Blumen,
du schenkst uns Menschen, die zu uns sagen: Ich mag dich so!
Dafür danken wir dir.
Amen.

HINFÜHRUNG ZUR LESUNG

In jedem Gottesdienst hören wir eine Geschichte von Gott.
Wo finden wir diese Geschichten?
KINDER: In der Bibel!

In unserer Geschichte heute hören wir von einem Menschen.
NN wird für uns diesen Menschen spielen.

Eine Erzieherin steht auf und kommt nach vorne.

Der Mensch lebt an einem Ort, wo es ihm ganz, ganz gut geht.

Die Spielerin setzt sich in den Tücherbogen.

Der Mensch ist ganz glücklich.

Ein gelbes Chiffontuch wird ihr um die Schultern gelegt.

Eines Tages weiß er: Er muss weg.

LIED

1. Wo - hin der Weg mich füh - ren wird, was
   Was mich wohl dort er - war - ten wird? ich
   im - mer auch ge - schieht!
   weiß es nicht ge - - nau!

M/T: Diana Güntner

Das Lied wird im Wechsel (Vorsänger – alle) gesungen.

Verabschiedung der Vorschulkinder

Der Mensch weiß nicht ganz genau wohin. Er weiß nicht ganz genau, was ihn dort erwartet.
Welches Tuch muss ich jetzt um seine Schultern legen? Stimmt das gelbe Tuch noch?

Das folgende wird, wenn möglich, im Gespräch mit den Kindern erarbeitet.

Welche Tücher würdet ihr dem Menschen jetzt um die Schulter legen?
Ich lege das rote Chiffontuch über seine Schultern. Es zeigt seine Neugierde.
Der Mensch denkt: Was wird mich erwarten?

LIED
Was mich wohl dort erwarten wird, ich weiß es nicht genau.
(Vorsänger – alle)
Ich lege das schwarze Tuch über seine Schultern. Es zeigt seine Angst. Er denkt: Wird alles gut gehen?

LIED
Wird alles immer gut geh'n? Werd' ich immer aufrecht steh'n?
(Vorsänger – alle)
Ich lege das grüne Tuch über die Schultern. Es zeigt seine Hoffnung. Er denkt: Hoffentlich geht alles gut.

LIED
Hoffentlich geht alles gut. Jetzt brauche ich viel Mut
(Vorsänger – alle)
Der Mensch weiß in seinem Herzen:
Gott ist bei mir. Gott macht mich stark.
Gott will, dass es mir gut geht.
Der Mensch weiß: Gott schenkt mir seinen Segen.
Ich lege das gelbe Tuch über die Schultern.

LIED

Gott schenkt mir seinen Segen. Gott ist auf meinem Weg.
(Vorsänger – alle).

Die Spielerin legt die Tücher ab und setzt sich wieder auf ihren Platz.

LESUNG – Gen 12,1–3

In der Bibel steht die Geschichte von diesem Menschen.
Er heißt Abraham.
Abraham muss weg.
Gott schenkt Abraham seinen Segen.

Gott sprach zu Abram: Geh weg von dort, wo du bisher gelebt hast. Ich werde dich segnen und dich groß machen. Ein Segen sollst du sein.

Die Bibel wird offen an ihren Platz zurückgelegt.

LIED

SEGNUNG

Gott schenkt euch Vorschulkindern seinen Segen. Er will euch seine Liebe zeigen und euch stark machen.

Wir stehen dazu alle auf.
Wir wollen beten:
Guter Gott,
du begleitest uns immer,
du bist uns immer nah und machst uns stark.
Wir bitten dich:
Schenke den Kindern, die wir verabschieden, wie Abram deinen Segen und mach sie groß. Amen.

Verabschiedung der Vorschulkinder

Ich werde jetzt zu jedem von euch gehen und auch euch ein gelbes Band um die Schultern legen. Es soll euch daran erinnern, dass Gott euch seinen Segen schenkt.

Während die Kinder ein Lied singen, geht der Pfarrer zu jedem einzelnen Vorschulkind und legt ihm ein gelbes Band um die Schultern. Eine Erzieherin begleitet ihn und gibt ihm das richtige Band. Dazu spricht er:

NN, Gott schenke dir seinen Segen und mache dich groß im Namen des Vaters und des Sohnes und des Heiligen Geistes. Amen.

Dazu macht er Kreuzzeichen auf die Stirn.

GEBET
Vaterunser

ENTLASSUNG

LIED

SEGENSFEIER ZUR EINSCHULUNG

Der Gottesdienst findet am Tag der Einschulung statt. Die Kinder und ihre Familien nehmen an ihm vor Beginn des Unterrichts teil. Die Feier kann in der Pfarrkirche oder in der Schule begangen werden.
Die Einschulung ist ein bedeutender Schritt des Großwerdens. Für die Kinder ändert sich ihre gesellschaftliche Rolle und damit ihr Status: Sie sind jetzt Schulkinder und keine Kindergartenkinder mehr. Der erste Schultag ist der Tag der großen Gefühle, nicht nur für die Kinder. Die Kinder sind freudig gespannt, die Eltern und Großeltern wehmütig und stolz zugleich. Ab heute wird vieles anders: Es kommen verbindliche Aufgaben auf Kinder und Eltern zu. Der Tagesrhythmus verändert sich, angefangen beim frühen Aufstehen und der Pflicht zur Pünktlichkeit, bis hin zu den Hausaufgaben. Die Kinder müssen nun selbstständiger sein. Sie tragen alleine den schweren Schulranzen und bewältigen ohne einen Elternteil, aber mit Klassenkameraden, den Schulweg.

Die Feier greift die Freude und die Erwartung, die diesen Tag prägt, auf und drückt sie aus. Alle können die eigene Freude und die der anderen spüren und mitteilen. »Geteilte Freude, ist doppelte Freude«, sagt das Sprichwort. Für die Segensfeier zur Einschulung bedeutet das: Wenn wir uns miteinander freuen und uns die Freude mitteilen, dann kann sie wachsen und uns anstecken.

In der Freude steckt immer auch der Dank für das Ereignis. Wer Freude empfindet, der weiß darum, dass er sich den Anlass seiner

Freude nicht selbst machen kann. Wo Menschen sich freuen, da erfahren sie sich beschenkt. Deswegen ist mit jeder Freude immer auch ein Dank verbunden. Die Segensfeier bringt diesen Dank nicht nur zum Ausdruck, sondern richtet ihn auch an eine Adresse: Wir verdanken es Gott, dass wir diesen Tag erleben dürfen. Er begleitet uns treu auf unserem Lebensweg.

Mit Freude und Dank eng verflochten ist die Bitte. In jeder Gabe steckt eine Aufgabe. Wer für eine neue Möglichkeit dankt, der bittet auch darum, sie ergreifen und gut nutzen zu können. Die Bitte bringt die Unsicherheiten und Risiken zum Ausdruck, die diese neue Aufgabe mit sich bringt. Dadurch erfahren die Beteiligten eine doppelte Entlastung. Zum einen wird für sie sichtbar: Nicht nur wir erleben an diesen Tag der Freude Sorge und Verunsicherung. Es entsteht eine Gemeinschaft, in der Solidarität wachsen kann. Im Vertrauen auf die eigenen Fähigkeiten und der Gemeinschaft werden wir diese neue Zeit meistern können. Zum anderen können die Betroffenen ihre Sorge jemanden anvertrauen. Damit legen sie das Kommende auch in die Hände Gottes.

Die Schulanfänger erhalten bei der Segnung Anstecknadeln (Holzklammern oder Buttons), auf denen steht: »Gott behüte dich.«

Benötigt werden:
- ❖ Segensanstecknadeln
- ❖ eine große Schultüte
- ❖ ein Wecker
- ❖ ein Verkehrsschild
- ❖ ein Teddybär

LIED

T: Rolf Krenzer
M: Ludger Edelkötter
© T: Rolf Krenzer, Dillenburg
© M: KiMu Kinder Musik Verlag GmbH, 45219 Essen

Segensfeier zur Einschulung

ERÖFFNUNG UND BEGRÜSSUNG

Liebe Kinder, liebe Eltern! Jetzt ist er endlich da, dieser Tag, auf den ihr schon so lange gewartet habt. Heute ist euer erster Schultag. Wir beginnen diesen Tag mit einem Gottesdienst. Wir wollen Gott danken und ihn um seinen besonderen Segen bitten.

Und so beginnen wir unsere Feier mit dem großen Kreuzzeichen: Im Namen des Vaters und des Sohnes und des Heiligen Geistes. Amen.

EINFÜHRUNG

Drei Erwachsene spielen Kinder. Eines davon ist ein Schulanfänger und trägt eine Schultüte.

Der Schulanfänger tritt auf und erzählt begeistert von seinem ersten Schultag:

Heute ist mein erster Schultag. Ich habe mich so sehr darauf gefreut. Jetzt ist er endlich da! Ich bin ganz aufgeregt. Und ich habe auch schon Herzklopfen. Was da wohl alles kommen mag? Wer wohl in meiner Klasse ist?

Er zeigt auf die Schulkinder.

Da sehe ich ja noch andere Kinder! Die kommen auch in die Schule.

Die zwei Mitspieler treten auf. Sie gratulieren dem Schulanfänger und freuen sich mit ihm und den anderen Kindern. Alle bewundern die Schultüte des Spielers und die der Kinder in den Bänken. Sie schauen in die Schultüte herein und nehmen drei Gegenstände heraus.

Wecker

Schau ein Wecker! Wieso das? Klar: Schulkinder sind aufgeweckt! Sie müssen früh aufstehen und früh in der Schule sein. In der Schule gibt es den Gong nach jeder Schulstunde.

Verkehrsschild
Ein Verkehrsschild: Der Schulweg ist der erste Weg, den Kinder ohne Eltern gehen. Auf ihrem Weg in die Schule helfen ihnen die Schulweghelfer und auch die Polizei. Viele Kinder gehen zusammen mit Freunden.

Teddybär
Ein Teddybär: Schulkinder brauchen Freunde. Sie geben sich gegenseitig Halt. Der eine hält zum anderen und ist für den anderen da.

Die Schultüte und die Gegenstände werden an einem zentralen Ort abgelegt.

GEBET
Wir wollen zu Gott beten:

Guter Gott,
wir kommen heute zu dir, um dir unsere Freude zu zeigen.
Wir wissen, dass du dich mit uns freust.
Wir danken dir, dass wir diesen Tag erleben dürfen.
Amen.

LIED – HINFÜHRUNG ZUR LESUNG

Die Musik spielt die Melodie des Kehrverses vor.
Ein Erwachsener liest, während die Melodie wiederholt wird, den Text des Kehrverses.

Segensfeier zur Einschulung

T u. M: nach »Geborgen in deiner Hand« von Marianne Strasser.

Der Kehrvers wird vorgesungen.
Alle werden zum Mitsingen eingeladen.

Gott ist heute bei jedem von uns. Wir dürfen darauf vertrauen,
dass er sich mit uns freut.
Seine Hand hält und stützt uns.
In dem Psalm, den wir heute aus der Bibel hören, heißt es:
Gott behütet dich.

Der Kehrvers wird mit Vorsänger wiederholt.

LESUNG – Ps 121,2–3.5.7–8

Die Lesung wird von zwei Erwachsenen vorgetragen.

LEKTOR 1
Lesung aus dem Psalm 121:

Meine Hilfe kommt vom Herrn, der Himmel und Erde gemacht hat.

LEKTOR 2
Er lässt dich nicht stolpern und hinfallen, er, der dich behütet, schläft nicht.

LEKTOR 1
Der Herr ist dein Hüter, er spendet dir kühlen Schatten, wenn dir etwas zu heiß wird, er steht dir zur Seite.

LEKTOR 2
Der Herr behüte dich vor allem Bösen, er behüte dein Leben. Der Herr behüte dich, wenn du fortgehst und wiederkommst, von nun an bis in Ewigkeit.

Kehrvers
Wir danken dir für deine gute Hand, du behütest uns, heut und alle Tag.

FÜRBITTEN
Guter Gott, du hältst uns in deiner Hand und gibst uns Geborgenheit. Zu dir können wir voll Vertrauen unsere Bitten bringen:
KIND: Lieber Gott, wir bitten dich für uns Kinder: Schenke uns Freude, damit wir gerne in die Schule gehen.
Wir bitten dich, erhöre uns
LEHRER: Lieber Gott, wir bitten dich für uns Lehrer: Schenke uns Güte und Humor in der Begegnung mit den Kindern.
Wir bitten dich, erhöre uns
ELTERNTEIL: Lieber Gott, wir bitten dich für uns Eltern: Schenke uns die Weisheit, unsere Kinder während der Schulzeit liebevoll zu begleiten.
Wir bitten dich, erhöre uns.
Guter Gott, erhöre unsere Bitten. Amen.

Segensfeier zur Einschulung

SEGNUNG
Für euch Schulanfänger erbitten wir nun von Gott seinen Segen.
Dazu wollen wir beten:
Guter Gott,
du wachst über uns wie ein guter Hirte.
Du schläfst nicht und sorgst dich um uns.

Kehrvers
Wir danken dir für deine gute Hand, du behütest uns, heut und alle Tage.

Guter Gott,
du behütest uns und schenkst uns Geborgenheit.

Kehrvers
Wir danken dir für deine gute Hand, du behütest uns, heut und alle Tage.

Guter Gott,
wir bitten dich: Begleite diese Kinder und ihre Eltern, behüte sie,
heute und alle Tage.
Amen.

Kehrvers
Wir danken dir für deine gute Hand, du behütest uns, heut und alle Tage.

Liebe Kinder, wir wollen für jeden von euch einzeln Gottes Segen erbitten. Dafür kommt ihr zu mir und zu Frau NN. Die Schultaschen und Schultüten lasst ihr bitte an eurem Platz liegen. Bleibt dann bitte gleich vorne, denn wir wollen uns zum Abschluss in einem Kreis aufstellen.

Für die Segnung sind mehrere Helfer nötig, die die Kinder leiten und zu einem großen Kreis aufstellen. Zwischen den Segnenden steht auf einem Tischchen – gut erreichbar – ein Korb mit den Anstecknadeln.

Die Segnenden halten den Kindern beide Hände über den Kopf und sprechen:

NN, Gott behüte dich, heute und alle Tage

Dann stecken sie dem Kind die Anstecknadel an.
Dazu spielt Musik.

VATERUNSER

Zum Gebet fassen sich alle an den Händen.

LIED
Gottes Liebe ist so wunderbar.

(Text und Melodie siehe: Segensfeier anlässlich der Geburt eines Geschwisterkindes)

ENTLASSUNG

In der Entlassung kann darauf hingewiesen werden, dass sich die Kinder aufstellen und als Gruppe photographiert werden können.

Osterzeit ist Segenszeit:
Segensfeiern an den Sonntagen der Osterzeit

»Den Gottesdienst feiern wir nach Ostern, am Montag nach den Osterferien.«

Es ist nicht schwer, ein Beispiel dafür zu finden, wie der Zeitrahmen des Osterfestes allgemein eingeschätzt wird. Danach beginnt die Osterzeit mit dem Aschermittwoch und endet am Ostersonntag. Diese Annahme ist gesellschaftlich weit verbreitet und tief im Bewusstsein verwurzelt. Die oben zitierte Äußerung kann deswegen problemlos einer Erzieherin oder einer Lehrerin in den Mund gelegt werden. Ähnliches war auch auf einer kirchlichen Fortbildung für Kindergottesdienstleiterinnen zu hören, in der Modelle für die Zeit *nach* Ostern, gemeint war die Zeit nach dem Ostersonntag, vorgestellt wurden.

Dieses Zeitempfinden entspricht *nicht* der religiösen Zeiteinteilung. Wer seinen Blick schärft, bemerkt die Zeichen dieser anderen, religiös geprägten Zeiteinteilung. Ein erstes Zeichen ist die Osterkerze, die in den Kirchen auch noch in der Zeit nach dem Ostersonntag geschmückt im Mittelpunkt steht. Ein anderes ist der mit Eiern geschmückte Strauch, der noch viele Wochen bewundert werden kann. Schließlich wird in den Sonntagsgottesdiensten dieser Zeit nach dem Ostersonntag ein besonderer und feierlicher Schlusssegen gesungen und die Gemeinde mit dem Jubelruf des Hallelujas entlassen. Wie teilt diese andere Zeiteinteilung das Osterfest ein, woher kommt sie, was bedeutet sie?

Das Osterfest ist das älteste und erste *Jahres*fest der Christenheit. Seitdem es Christen gibt, feiern sie Woche für Woche den Sonntag. Im Laufe der ersten Jahre und Jahrzehnte kam dann das jährliche Fest dazu. Beide, das Wochenfest (der Sonntag) wie das Jahresfest (Ostern), feiern ein und dasselbe Ereignis: die Auferstehung Jesu Christi von den Toten.

Zuerst gab es nur den Ostersonntag als besonderen Sonntag im Jahr. Sein Termin lehnte sich an ein großes jüdisches Fest an, dem Pascha-Fest. Im Laufe der Jahrhunderte entwickelte sich aus dem einen einzelnen Festtag ein ganzer *Festkreis*.

Die heutige Gestalt des Osterfestkreises ist 40 Jahre alt. 1965 verabschiedete die letzte allgemeine Kirchenversammlung, das II. Vatikanische Konzil, den Auftrag zu einer großen Reform der Liturgie. Durch die Reform wollte man die Auswüchse von Jahrhunderten beschneiden und zu einer ursprünglichen Form des Osterfestkreises zurückkehren.

Der Osterfestkreis dauert 13 Wochen und vier Tage, also mehr als drei Monate. Er gliedert sich in drei Phasen: einer Phase der Vorbereitung, einer Phase des Höhepunktes und einer Phase, die den Festinhalt entfaltet und über mehrere Wochen hinweg feiert. In einer knappen Übersicht schaut der Festkreis so aus:

1. Vorbereitungsphase (Fastenzeit oder österliche Bußzeit)
    Beginn: Aschmittwoch
    Dauer: 5 Fastensonntage oder ungefähr 40 Tage
    Ende: Beginn der Abendmahlsmesse am Gründonnerstag

2. Phase des Höhepunktes (die drei heiligen Tage)
    Beginn: Abendmahlsmesse am Gründonnerstag
    Dauer: Gründonnerstag Abend bis Ostersonntag
    Ende: Ostersonntag

3. Phase der Entfaltung (Osterzeit)
    Beginn: Ostersonntag
    Dauer: 8 Ostersonntage oder 50 Tage
    Ende: 8. Sonntag in der Osterzeit oder Pfingstsonntag

Die Übersicht macht deutlich: Die eigentliche Festzeit des Osterfestkreises ist die Zeit nach dem Ostersonntag. Sie wird die »Osterzeit« genannt, ihre 7 Wochen die »Osterwochen«, die acht Sonntage die »Sonntage in der Osterzeit«. Diese 50 Tage vom Ostersonntag bis zum Pfingstsonntag sind der Höhepunkt des ganzen Jahreskreises.

Die Gottesdienste an den Sonntagen in der Osterzeit beherrscht ein einziges Thema: der auferstandene Jesus, seine Gaben und sein Vermächtnis. Dieses Thema wird Sonntag für Sonntag neu variiert. Jeder Sonntag hat sein eigenes Profil und seine eigene Botschaft. Es geht aber immer um Jesus, der durch seine Auferstehung die Welt von Grunde auf verändert und erneuert. Die Sonntage münden in den Pfingstsonntag. Er ist der achte Sonntag in der Osterzeit. In seiner Botschaft ist alles, was vorher gefeiert wurde, konzentriert: die Gabe des Heiligen Geistes. Sie bedeutet die größte Veränderung der Welt, die alle anderen Veränderungen einschließt und zur Folge hat.

Die *Segensfeiern* begehen die Osterbotschaft in einer besonderen Weise. Sie knüpfen an den kirchlichen Brauch an, die Sonntage in der Osterzeit mit einem feierlichen Segen zu beschließen. Hier wird deutlich: *Die Osterzeit ist eine Segenszeit.* Sie vergegenwärtigt die zentrale Überzeugung des Christentums: Jesus Christus lebt, er hat den Tod besiegt und damit die Welt erneuert. Das Negative, das Zerstörerische und Lebensfeindliche hat in dieser Welt keine reale Chance mehr. Der *Segen Gottes,* der bewirkt, dass Leben eine gute Zukunft hat, ist neu und endgültig möglich. Dieser Segen wird an den acht Sonntagen unterschiedlich vergegenwärtigt. In den einzelnen Segensfeiern begegnet er in der Freude (3. Sonntag), Geborgenheit (4. Sonntag), Liebe (5. Sonntag), Frieden (6. Sonntag), im Namen Gottes (7. Sonntag) und im Heiligen Geist (8. Sonntag).

Der Segen Gottes und alles Gute, was er für die Menschen und die Welt mit sich bringt: Das ist Inhalt und Botschaft der Segensfeiern mit kleinen Kindern. Sie brauchen diese gute Botschaft, um im Vertrauen und in der Freude bestärkt zu werden.

Mit dem Segen eng verbunden ist auch eine ethisch-moralische Botschaft. Sie besteht in dem Auftrag, für diesen Segen Verantwortung zu übernehmen, also daran mitzuarbeiten, dass in der Welt das Gute siegt. Diese ethisch-moralische Botschaft richtet sich jedoch nicht an die kleinen Kinder. Sie sind gar nicht in der Lage, diese Verantwortung zu übernehmen. Der Auftrag richtet sich an Erwachsene und Heranwachsende, auch mit Blick auf die kleinen Kinder, die ihnen anvertraut sind.

Osterzeit ist Segenszeit. Das bedeutet: Die Kinder erfahren in den sieben Wochen der Osterzeit im Moment der Segnung den österlichen Segen Gottes immer wieder neu.

Die Gottesdienste in der Osterzeit

Der Aufbau

Die Modelle orientieren sich bei der Auswahl der Bibelstellen an den Angaben der kirchlichen *Leseordnung*. Diese gesamtkirchliche Ordnung regelt die Auswahl und Verteilung der Bibelstellen für die gottesdienstlichen Lesungen im Laufe des kirchlichen Jahreskreises. Sie betrifft alle Wochentage und Sonntage. Für die Sonntage im Jahreskreis gibt sie einen dreijährigen Lesezyklus vor (Lesejahr A, B und C). Für die Feiern an den Sonntagen der Osterzeit wurden die vorgesehenen Lesungen aus allen drei Lesejahren nebeneinander gelegt. Dadurch werden Gemeinsamkeiten wahrnehmbar. Zum Teil sind die Lesungen auch identisch. Die Gottesdienstmodelle stellen die inhaltlichen *Gemeinsamkeiten* der drei Lesejahre in den Mittelpunkt. So sind die Feiern für jedes Jahr geeignet.

Aus Rücksicht auf das kindliche Fassungsvermögen wurden die Lesungen zum Teil erheblich gekürzt.

Die Feiern sind ursprünglich für den Sonntag vorgesehen. Sie können jedoch auch im Laufe der entsprechenden Woche an einem Wochentag gefeiert werden. Im Kindergarten können sie so zu einer besonderen Gestaltung der Osterzeit beitragen.

Die Modelle sind ähnlich aufgebaut und besitzen gleich bleibende Elemente:
- das Osterlied zu Beginn der Feier
- der feierliche Schlusssegen

Der Inhalt

Die *Lesungen* der Modelle stammen bis auf eine Ausnahme (3. Sonntag der Osterzeit) aus dem Johannes-Evangelium. Sie greifen Abschnitte aus den Abschiedsreden Jesu (4.–7. Sonntag der Osterzeit) und zwei Erzählungen mit der Erscheinung des auferstandenen Jesu (3. Sonntag der Osterzeit und Pfingstsonntag) auf.

Die Schriftlesungen machen deutlich: In den Gottesdiensten der Osterzeit geht es nicht um die stückweise Nacherzählung der Ereignisse im Anschluss an die Auferstehung. Sie wollen keine wöchentliche Auferstehungs-Soap sein. Im Gegenteil, in ihnen geht es immer um dasselbe: um das, was Glaube und Theologie mit »Auferstehung« meinen.

Wer die Texte auf sich wirken lässt, der entdeckt, dass Auferstehung mehr ist als nur ein Einzelereignis und erst recht kein abgeschlossenes Ereignis aus ferner Vergangenheit.

Auferstehung ist ein Ereignis, das die Welt in ihren Grundfesten verändert. Auferstehung schafft neue Realitäten: die Realität einer neuen Freude und Geborgenheit, das Aufbrechen einer neuen Liebe und eines neuen Friedens, die Chance einer neuen Gegenwart Gottes in Jesus und in seinem Heiligen Geist. Das revolutionär Neue all dessen ist nicht, dass es vorher nicht auch schon da war. Auch vor der Auferstehung gab es Freude und Frieden, Liebe und Geborgenheit auf der Welt. Das absolut Neue ist, dass all das über den Tod hinweg gültig ist.

Mit Tod ist hier nicht nur die biologisch-physische Tatsache gemeint. Tod ist in diesem Zusammenhang ein Inbegriff für alles Lebensfeindliche und Leben Zerstörende und damit für jedes Unheil, jedes Unrecht und jede Schuld.

Seitdem Auferstehung ist, spielt der Tod keine ernsthafte Rolle mehr. Er ist keine Grenze mehr, an der alles scheitert. Der Tod kann dem

Leben weder Freude noch Vertrauen, weder Liebe noch Frieden und schon gar nicht die Nähe zu Gott mehr rauben.

Der Glaube setzt dem Ganzen noch eines drauf: Die Auferstehung hat selbst den Tod verwandelt. Er ist seitdem kein vernichtender Abgrund mehr. Das bedeutet nicht, dass der Tod einfach verschwunden ist. Tod, Unheil, Unrecht und Schuld bleiben weiterhin eine Realität. Die Auferstehung neutralisiert aber die negativen Vorzeichen: Der Tod ist nicht mehr die Vernichtung des Lebens, sondern im Gegenteil, er wird zum Ernstfall des Lebens. Wo Leben endet oder verletzt wird, wo Schuld entsteht und Unheil erlitten wird, bewährt sich Auferstehung. Sie ermöglicht die Erneuerung des Lebens, Heilung, Vergebung und damit Frieden.

Mit Kindern Auferstehung und Ostern feiern

Was hat das alles mit *Kindern* zu tun? Ist das nicht viel zu abstrakt und zu kompliziert? Im ersten Blick scheint es so. Kinder können mit abstrakten Begriffen wie Frieden und Gottesnähe nichts anfangen. Bei näherem Hinsehen wird aber sichtbar, dass die Lesungen für Kinder eine fundamentale Bedeutung haben. Freude und Geborgenheit, Liebe, Frieden und Gottesnähe sind für Kinder, auch für kleine Kinder, keine unbekannten Realitäten, sondern im Gegenteil: Sie drücken die Grundbedürfnisse des kleinen Kindes aus.

Was kann ein *Gottesdienst* in diesem Zusammenhang bewirken?

Ein Gottesdienst kann diese abstrakten Begriffe nicht vollständig entschlüsseln. Genau betrachtet wäre das auch eine Überforderung. Die inhaltliche Entschlüsselung solch fundamentaler Realitäten ist eine Bildungsaufgabe, für die es im Rahmen einer religiösen Erziehung noch andere Möglichkeiten gibt. Welchen Beitrag aber kann ein Gottesdienst dazu leisten?

Er kann das Kind mit dem Begriff bekannt machen und mit dessen Realität buchstäblich in *Berührung* bringen. Der Gottesdienst schafft durch zeichenhafte Symbolhandlungen einen *positiven Erfahrungszusammenhang*. Das bedeutet: Im Gottesdienst wird nicht über Frieden geredet, sondern es wird eine Friedensgeste vollzogen, der Friedensgruß (6. Sonntag der Osterzeit). Oder: Den Kindern wird nicht erklärt, wer der Heilige Geist ist und was es mit ihm auf sich hat, sondern sie werden hineingenommen in sein Wirken durch das Erzählen der Geschichte und den Lichtritus (Entzünden der Lichter, Übergabe mit Segenswort und Tanz; Pfingstsonntag). In allen Gottesdiensten wirkt eine Atmosphäre der Gemeinschaft und Annahme. Sie ist der Nährboden, in dem jede Erfahrung von Frieden und Liebe, Freude und Geborgenheit und Gottesnähe wurzelt. Das Kind hat im Gottesdienst die Möglichkeit, eine positive Beziehung dazu aufzubauen. Es entschlüsselt dabei den Inhalt des Gottesdienstes nicht mit dem Verstand. Dafür aber schließt es ihn für sich mit seinem *inneren Erleben* auf.

Das Kind bleibt im Gottesdienst mit diesem inneren Erleben nicht allein. Es kann sich damit an andere richten. Es kann sich den anderen mitteilen und von ihnen Bestätigung und neue Impulse bekommen. Gottesdienst ist ein Kommunikationsgeschehen. Die Kommunikation geschieht horizontal zwischen den Gottesdienstbesuchern.

Diese horizontale Kommunikationsebene ist jedoch mit einer anderen, einer vertikalen verwoben: dem *Gebet*. Jeder Gottesdienst ist eine gemeinschaftliche *Gebetshandlung*. Kinder beten mehr in *Gesten* als in Worten. Die zeichenhaften Symbolhandlungen des Gottesdienstes können dieses Gebet der Kinder aufnehmen. Das Empfangen des Lichtes und der Tanz um dieses Licht (Pfingstsonntag) ist zum Beispiel Ausdruck des Gebets.

Die Gottesdienste bieten den Kindern Bilder für Gott an. Im Symbol der (Jesus-)Kerze ist ein solches *Gottesbild* ausgedrückt. Die Osterzeit vergegenwärtigt am 4. Sonntag ein Gottesbild, das vor allem für kleine Kinder eine besondere und zentrale Bedeutung hat. Es ist das

Bildwort vom *Guten Hirten*. Die Montessori- und Religionspädagogin Sofia Cavalletti zeigt, dass die Bedeutung dieses Gleichnisses für das kleine Kind nicht zu überschätzen ist. Der Gute Hirte ist das Gottesbild des kleinen Kindes. Zu ihm kann es einen Bezug aufbauen, der ihm bei der Bewältigung seiner zentralen Entwicklungsaufgabe hilft: Vertrauen ins Leben zu fassen. Der Gute Hirte antwortet auf seine Sehnsucht nach Geborgenheit, Liebe und Annahme. In den Gottesdiensten kann das Kind den Guten Hirten in seine jeweilige Gegenwart holen. Es kann ihm seine Freude und sein starkes Bedürfnis nach Liebe, Geborgenheit und Frieden mitteilen. Im Gottesdienst kann es erfahren: Ich bin aufgenommen und angenommen in einer Gemeinschaft, die Große und Kleine umfasst und die in der fürsorglichen Liebe des Guten Hirten geborgen ist.

Mit Freude gesegnet –
3. SONNTAG IN DER OSTERZEIT

Benötigt werden:
- eine Jesuskerze
- eine Bibel
- ein großes, helles Tuch
- 2 Plakate, auf denen jeweils ein Mensch ohne Mund und Arme gemalt ist
- 2 ausgeschnittene Münder, 2 Herzen (eines mit einer gelben Vorder- und einer grauen Rückseite, eines nur mit gelber Vorderseite), vier Arme

Die Kinder sitzen im Stuhlkreis. In der Mitte liegt das große helle Tuch, auf dem die Jesuskerze und die Bibel stehen. Am Rand liegen umgedreht die zwei Plakate.

ERÖFFNUNG UND BEGRÜSSUNG
Ich begrüße euch alle zu unserem Ostergottesdienst.
An Ostern schenkt uns Gott durch Jesus seinen größten Segen.
Heute hören und sehen wir, wie Jesus Freude zu den Menschen bringt.
Wir beginnen unseren österlichen Gottesdienst mit dem Kreuzzeichen der Kinderkirche:

Lieber Gott, ich denk an dich,
Alle machen ein kleines Kreuzzeichen auf die Stirn,
ich sprech' von dir,
auf dem Mund
ich liebe dich,
und auf das Herz.
lieber Gott, beschütze mich.

LIED

Die Osterzeit ist eine Zeit der Freude.
Ich habe euch deswegen ein Lied der Freude mitgebracht.

In diesem Lied wird von einem besonderen Tag erzählt.
An diesem Tag ging eine besondere Sonne auf, ein besonderes Licht kam in die Welt zu den Menschen.

Die Leiterin beschreibt mit der Hand einen großen Kreisbogen und fordert die Kinder auf, die Bewegung mit ihr zu wiederholen.

In dem Lied heißt es: Das ist der Tag, den Gott gemacht.

Alle machen die Kreisbewegung zu den Worten.

Sagen wir das gemeinsam.

Alle wiederholen gemeinsam Worte und Geste.

An diesem Tag wurde Freude in alle Welt gebracht.
Was machen Menschen, wenn sie sich freuen?

Die Antworten sammeln: Klatschen, lachen, sich umarmen

Sie schauen freundlich.
Wir strecken unsere Hände zu unseren Nachbarn aus und schauen sie freundlich an.

In dem Lied heißt es weiter:
Es freu sich, was sich freuen kann, denn Wunder hat der Herr getan.

Wir hören jetzt die Melodie, dann singe ich es euch vor und ihr könnt mit den Händen schon mitmachen!

Das ist der Tag, den Gott gemacht,
Mit der Hand wird ein großer Kreisbogen bezeichnet.

der Freud in alle Welt gebracht,
Die Hände werden links und rechts zu den Nachbarn ausgestreckt und diese lächelnd angeschaut.
es freu sich, was sich freuen kann,
Alle klatschen in die Hände.
denn Wunder hat der Herr getan.
Die Hände werden nach oben geführt, alle drehen sich um die eigene Achse.

Die Strophe wird mit den Gesten noch ein oder zwei mal wiederholt.

1. Das ist der Tag, den Gott gemacht, der Freud in alle Welt gebracht. Es freu sich, was sich freuen kann, denn Wunder hat der Herr getan.

M: nach Johannes Leisentrit 1567, T: nach Heinrich Bone 1851

Segensfeiern an den Sonntagen der Osterzeit

HINFÜHRUNG

Wie haben gerade gesungen: Es freu sich, wer sich freuen kann.
Wie sieht man denn, dass sich jemand freut?

Die Leiterin sammelt Antworten und regt die Kinder an, die Haltung eines freudigen Menschen einzunehmen. Dann dreht sie ein Plakat um. Darauf ist eine Figur gemalt, die keinen Mund, kein Herz und keine Arme hat. Die Leiterin zeigt den Kindern den ausgeschnittenen Mund.

Wie muss ich den Mund hinlegen?

Ein Kind legt den Mund in die Figur. Die Mundwinkel zeigen dabei nach oben. Die Leiterin überlegt mit den Kindern kurz, wann Menschen voll Freude sind.

Wann sind Menschen voll Freude? Wann sind Kinder voll Freude?
Was tun Menschen, die fröhlich sind?
Unser Mensch hier auf dem Plakat hat noch kein Herz.
Welche Farbe wird es wohl haben?

Ein Kind legt das ausgeschnittene gelbe Herz in das Bild.

Das Herz von unserem Menschen ist ganz hell. Es ist voller Mut und Freude.
Wie fühlt sich ein Herz an, das voller Mut ist?

Die Leiterin sammelt die Antworten der Kinder: leicht, bewegt.

Unser Mensch hat auch noch keine Arme. Wie sollen wir die hinlegen?

Ein Kind legt die Arme hoch ausgestreckt in das Bild.

Er ist voller Kraft und Leben.
Unser Mensch hier sieht ganz fröhlich aus. Er lacht und hat ein mutiges Herz. Seine Arme streckt er weit von sich: Er streckt sie in den Himmel hinauf.

Unser Mensch singt mit uns unser Lied:

LIED
Das ist der Tag, den Gott gemacht (1. Strophe)

Die Leiterin dreht das zweite Plakat um.

Hier ist noch einmal ein Mensch. Dieser Mensch freut sich ganz und gar nicht. Der ist ganz traurig.
Wie sieht wohl ein trauriger Mensch aus? Setzt euch mal wie ein trauriger Mensch hin.
Wie müsste ich den Mund hinlegen, wenn der hier traurig ist?

Ein Kind legt den Mund in das Bild. Die Mundwinkel hängen nach unten.

Wann sind Menschen traurig? Wann sind Kinder traurig?

Die Leiterin sammelt die Antworten der Kinder.

Welche Farbe hat wohl sein Herz?

Ein Kind legt das graue Herz in das Bild.

Wie fühlt sich ein solches Herz an?

Die Leiterin sammelt die Antworten der Kinder: schwer, wie ein Stein.

Hier habe ich noch Arme. Wie trägt ein trauriger Mensch seine Arme?

Ein Kind legt die Arme nach unten hängend in das Bild.

Wie schauen denn diese Arme aus? Sie sind ganz kraftlos.
Unser Mensch hier sieht ganz traurig aus.
Die Leiterin zeigt auf den Mund.
Er hat ein ganz mutloses Herz,
Die Leiterin zeigt auf das Herz.
und er hat ganz kraftlose Arme.
Die Leiterin zeigt auf die Arme.

KYRIE
Jesus kommt zu traurigen und zu fröhlichen Menschen. Er will allen die Kraft seiner Auferstehung schenken. Deswegen dürfen wir ihn anrufen:

KIND: Herr Jesus, du schenkst uns Kraft zum Leben.
Herr, erbarme dich.

KIND: Herr Jesus, du schenkst uns Kraft zur Freude.
Herr, erbarme dich.

KIND: Herr Jesus, du schenkst uns Kraft zum Mut.
Herr, erbarme dich.

GEBET
Wir wollen beten:

Guter Jesus,
du willst, dass wir froh und glücklich sind. Du willst, dass wir voller Leben unsere Arme hoch halten, und du willst, dass wir unser Leben in die Hand nehmen.
Wenn wir jetzt in der Osterzeit die Geschichten deiner Auferstehung hören, erinnern wir uns immer daran.
Amen.

LESUNG
In der Bibel lesen wir die Geschichte, wie Jesus den Menschen Freude bringt.

Lesejahr A / Lesejahr B	Lesejahr C
Lk 24,35–36.41a	Joh 21,1–6

Lesejahr A / Lesejahr B — Lk 24,35–36.41a

In der Zeit der Auferstehung zeigte sich Jesus zwei Jüngern in Emmaus.

Diese zwei Jünger wussten, dass Jesus lebt, dass er auferstanden ist.

Wie werden die beiden wohl ausgesehen haben. So oder so?

Die Leiterin zeigt jeweils auf eines der Plakate.

Sie waren voller Freude. Ihre Arme waren voller Leben, sie lachten und ihr Herz war hell und leicht.

Da gab es noch die anderen Jünger. Die wussten das noch nicht. Sie meinten noch, Jesus sei tot. Wie werden die beiden wohl ausgesehen haben. So oder so?

Die Leiterin zeigt jeweils auf eines der Plakate.

Sie haben traurig ausgesehen. Ihre Arme waren kraftlos und ihr Herz ohne Mut und ohne Freude. Hören wir, was passiert.

Die beiden Jünger aus Emmaus

Die Leiterin zeigt auf die freudige Gestalt.

erzählten den anderen Jüngern,

Lesejahr C — Joh 21,1–6

In der Zeit der Auferstehung zeigte sich Jesus den Jüngern noch einmal. Es war am See von Tiberias. Simon Petrus, Thomas, Natanael und zwei andere waren zusammen. Simon Petrus sagte zu ihnen: Ich gehe fischen und fange Fische.

Sie sagten zu ihm: Wir kommen auch mit.
Sie gingen hinaus und stiegen in das Boot.
Aber in dieser Nacht fingen sie nichts.

Die Jünger haben nichts gefangen. Wie werden die wohl ausgesehen haben. So oder so?

Die Leiterin zeigt jeweils auf eines der Plakate.

Sie haben traurig ausgesehen. Ihre Arme waren kraftlos und ihr Herz ohne Mut und ohne Freude.

Hören wir, was weiter passiert.

Als es schon Morgen wurde, stand Jesus am Ufer.

Die Leiterin stellt Jesuskerze zu der traurigen Figur.

Die Leiterin zeigt auf die traurige Gestalt.	Jesus sagte zu ihnen: Habt ihr nicht etwas zu essen? Sie antworteten ihm: Nein.
was sie unterwegs erlebt hatten und wie sie Jesus erkannt hatten.	**Er aber sagte zu ihnen: Werft das Netz auf der rechten Seite des Bootes aus und ihr werdet etwas fangen.**
Was meint ihr, was mit den anderen passiert ist? Waren die dann immer noch traurig? Wahrscheinlich ein bisschen weniger. Wahrscheinlich konnten sie das nur sehr schwer glauben.	**Sie warfen das Netz aus** *Die Leiterin schiebt die Arme der traurigen Figur nach oben.*
Die Leiterin verschiebt die Arme der Figur etwas nach oben.	**und konnten es nicht wieder einholen, so voller Fische war es.**
Während sie noch darüber redeten, trat Jesus selbst in ihre Mitte	Wie haben die Jünger wohl jetzt ausgesehen?
Die Leiterin stellt die Jesuskerze zu der nicht mehr ganz so traurigen Figur.	*Ein Kind dreht den Mund an der Figur nach oben, das Herz auf die gelbe Seite und richtet die Arme ganz nach oben.*
und sagte zu ihnen: Friede sei mit euch!	Was ist da jetzt passiert?
Sie staunten, konnten es aber vor Freude immer noch nicht glauben.	
Wie haben die Jünger wohl jetzt ausgesehen?	
Ein Kind dreht den Mund an der Figur nach oben, das Herz auf die gelbe Seite und richtet die Arme ganz nach oben.	
Was ist da jetzt passiert?	

Jetzt waren die Jünger voller Freude!
Vielleicht haben sie gerufen und gesungen:

LIED
Das ist der Tag, den Gott gemacht (1. Strophe)

FÜRBITTEN
An Jesus können wir unsere Bitten richten:

Manchmal sind die Menschen traurig.
Lieber Gott, schenke uns die Freude,
die uns wieder fröhlich macht.
Wir bitten dich, erhöre uns.

Manchmal sind die Menschen verzweifelt. Lieber Gott, hilf uns,
dass wir dann wieder Kraft und Mut bekommen.
Wir bitten dich, erhöre uns.

Manchmal sind die Menschen kraftlos und haben zu nichts Lust.
Lieber Gott, schenke uns immer wieder neu deine Kraft.
Wir bitten dich, erhöre uns.

Guter Gott, du schenkst Freude und neuen Mut. Amen.

GEBET
Vaterunser

FEIERLICHER SCHLUSSSEGEN
Wir haben gesehen und gehört, dass Gott uns die Kraft zum Leben
und zur Freude schenkt.
Das ist ein großer Segen.
Diesen Segen wollen wir miteinander von Gott erbitten:

Wir strecken die Hände zu unserer Jesuskerze hin aus.
Wir zeigen mit unseren Händen, dass wir zu Jesus gehören.
Wir bleiben so eine kleine Weile ganz still stehen und schauen in unsere Mitte.

**Guter Gott,
an Ostern feiern wir Auferstehung.
Wir bitten dich:
Segne uns mit Freude und Kraft zum Leben.
Darum bitten wir durch Jesus Christus, der unter uns lebendig ist.
Amen.**

Wir nehmen die Hände wieder zurück und fassen uns alle noch einmal an den Händen. Mit einem Händedruck wünschen wir uns einen frohen und gesegneten Sonntag.

LIED
Das ist der Tag, den Gott gemacht (1. Strophe)

Mit Geborgenheit gesegnet –
4. SONNTAG IN DER OSTERZEIT

Benötigt werden:
- eine Jesuskerze
- eine Bibel
- ein helles, großes Tuch
- ein schöner, großer Hirtenstab (eventuell aus dem Nikolaus-Fundus)
- gelbe Tücher

Die Kinder sitzen im Stuhlkreis. Im Mittelpunkt stehen auf dem großen Tuch die Jesuskerze, das Kreuz und die Bibel der Kinderkirche. Der Hirtenstab liegt mit gelben Tücher verdeckt in der Mitte.

ERÖFFNUNG UND BEGRÜSSUNG
Ich begrüße euch alle zu unserem Ostergottesdienst.
An Ostern schenkt uns Gott durch Jesus seinen größten Segen.
Heute hören wir, dass uns Jesus Geborgenheit schenkt. Er ist der Gute Hirte, der seinen Schafen seine ganze Liebe und Sorge schenkt.

Wir beginnen unseren österlichen Gottesdienst mit dem Kreuzzeichen der Kinderkirche:

Lieber Gott, ich denk an dich,
Alle machen ein kleines Kreuzzeichen auf die Stirn,
ich sprech' von dir,
auf dem Mund
ich liebe dich,
und auf das Herz.
lieber Gott, beschütze mich.

LIED
Die Osterzeit ist eine Zeit der Freude.
Deswegen singen wir wieder unser Lied der Freude.

In diesem Lied wird von einem besonderen Tag erzählt.
An diesem Tag ging eine besondere Sonne auf, ein besonderes
Licht kam in die Welt zu den Menschen.
Die Leiterin beschreibt mit der Hand einen großen Kreisbogen.
An diesem Tag wurde Freude in alle Welt gebracht
Sie schaut alle lächelnd an und streckt ihre Hände zu ihre zwei Nachbarn aus.
In dem Lied heißt es weiter:
Es freu sich, was sich freuen kann, denn Wunder hat der Herr
getan.
Die Leiterin klatscht in die Hände.
Denn Wunder hat der Herr getan.
Die Leiterin hebt die Hände und dreht sich einmal um die eigene Achse.

Alle singen gemeinsam das Lied »Das ist der Tag, den Gott gemacht«
(Text und Melodie siehe: Mit Freude gesegnet – 3. Sonntag in der Osterzeit)
und machen dazu die Bewegungen.

GEBET
Wir wollen beten:

Guter Jesus,
an Ostern wir hören die Geschichten deiner Auferstehung.
Sie erzählen von deinem Segen, den du uns an Ostern schenkst.
Dafür danken wir dir.
Amen.

HINFÜHRUNG

Unsere Geschichte heute erzählt von einem Hirten. Wer weiß, was ein Hirte ist? Was macht ein Hirte? Was ist ein guter Hirte?

Die Leiterin sammelt die Antwort der Kinder: Sorge, Obhut, Heimat geben, Gemeinschaft, Freundschaft, Sicherheit usw. Zwischen den einzelnen Antworten wird der Kehrvers »Du bist mein Hirte, Herr« gesungen.

2. Gehe ich durch finstres Tal, so fürchte ich mich nicht.
   Denn du bist mein Hirte, Herr, du bist mein helles Licht.

3. Komme ich vom Wege ab und hab' verlaufen mich;
   dann gehst du mich suchen, Herr, und lässt mich nicht im Stich.

4. Ja, du schenkst mir Schatten, herr, in heißer Sonnenglut.
   Führst mich meine Wege, Herr, ganz sicher und ganz gut.

T u. M: Franz Kett aus: Religionspädagogische Praxis, Religionspädagogische Arbeitshilfen, Jhg. 1983, Nr. II, S. 38. »Mit Kindern Psalmen beten«,
© *RPA-Verlag, Landshut*

Ich habe euch etwas mitgebracht von dem, was ein Hirte braucht.
Es liegt unter den gelben Tüchern.

Die Kinder können einzeln die gelben Tücher entfernen und so den Stab freilegen. Die Leiterin stellt den Stab auf. Sie geht langsam einige Schritte. Alle betrachten den Stab. Die Leiterin sammelt die Eindrücke der Kinder.

An welchen Hirten erinnert uns dieser Stab?

Die Kinder werden vermutlich zunächst Nikolaus oder Bischof sagen.
Vielleicht kann ein Kind bereits Jesus nennen.
Die Leiterin legt den Stab wieder in die Mitte.

LESUNG

In der Bibel hören wir von Jesus. Er sagt: Ich bin der Gute Hirte.

Lesejahr A Lesung Joh 10,2-4	Lesejahr B Lesung Joh 10,14	Lesejahr C Lesung Joh 10,27-28a
In der Bibel lesen wir:	In der Bibel lesen wir:	In der Bibel lesen wir:
In jener Zeit sprach Jesus: Wer aber durch die Tür hineingeht ist der Hirt der Schafe. Ihm öffnet der Türhüter und die Schafe hören auf seine Stimme. Er ruft die Schafe, die ihm gehören einzeln beim Namen und führt sie hinaus.	In jener Zeit sprach Jesus: Ich bin der gute Hirt. Der gute Hirt gibt sein Leben für die Schafe. Kehrvers Du bist mein Hirte, Herr.	In jener Zeit sprach Jesus: Meine Schafe hören auf meine Stimme; Ich kenne sie und sie folgen mir. Ich gebe ihnen Leben ohne Ende Kehrvers Du bist mein Hirte, Herr.

Mit Geborgenheit gesegnet – 4. Sonntag

Wenn er alle seine Schafe hinausgetrieben hat, geht er ihnen voraus und die Schafe folgen ihm; denn sie kennen seine Stimme. Kehrvers Du bist mein Hirte, Herr. Wer aber durch die Tür hineingeht ist der Hirt der Schafe. Ihm öffnet der Türhüter und die Schafe hören auf seine Stimme. Kehrvers Du bist mein Hirte, Herr. Er ruft die Schafe, die ihm gehören einzeln beim Namen und führt sie hinaus. Kehrvers Du bist mein Hirte, Herr. Wenn er alle seine Schafe hinausgetrieben hat, geht er ihnen voraus und die Schafe folgen ihm; denn sie kennen seine Stimme. Kehrvers Du bist mein Hirte, Herr. *Die Leiterin legt die Bibel wieder offen in den Mittelpunkt.*	Ich bin der gute Hirt. Kehrvers Du bist mein Hirte, Herr. Der gute Hirt gibt sein Leben für die Schafe. Kehrvers Du bist mein Hirte, Herr. *Die Leiterin legt die Bibel wieder offen in den Mittelpunkt.*	Meine Schafe hören auf meine Stimme. Kehrvers Du bist mein Hirte, Herr. Meine Schafe hören auf meine Stimme. Kehrvers Du bist mein Hirte, Herr. Ich kenne sie und sie folgen mir. Kehrvers Du bist mein Hirte, Herr. Ich gebe ihnen Leben ohne Ende Kehrvers Du bist mein Hirte, Herr. *Die Leiterin legt die Bibel wieder offen in den Mittelpunkt.*

GESTALTUNG
Wer möchte jetzt den Stab nehmen und ein paar Schritte gehen?

Die Kinder können abwechseln mit dem Stab einige Schritte gehen, dazu wird das Lied »Du bist mein Hirte, Herr« gesungen.

GEBET
Vaterunser

FEIERLICHER ABSCHLUSSSEGEN
Wir haben gehört, dass Jesus der Gute Hirte ist.
Er sorgt sich um uns, er schenkt uns Geborgenheit.
Das ist ein großer Segen.
Diesen Segen wollen wir miteinander von Gott erbitten:
Wir strecken die Hände zu unserer Jesuskerze hin aus.
Wir zeigen mit unseren Händen, dass wir zu Jesus gehören.
Wir bleiben so eine kleine Weile ganz still stehen und schauen in unsere Mitte.
Guter Gott, an Ostern feiern wir Auferstehung.
Wir bitten dich:
Sei für uns Hirte, segne uns mit deiner Sorge und Liebe und schenke uns Geborgenheit.
Segne uns mit Freude und Kraft zum Leben.
Darum bitten wir durch Jesus Christus, der unter uns lebendig ist.
Amen.

Wir nehmen die Hände wieder zurück und fassen uns alle noch einmal an den Händen. Mit einem Händedruck wünschen wir uns einen frohen und gesegneten Sonntag.

LIED
Das ist der Tag, den Gott gemacht (1. Strophe)

Mit Geborgenheit gesegnet – 4. Sonntag

Mit Liebe gesegnet –
5. SONNTAG IN DER OSTERZEIT

Benötigt werden:
- eine Jesuskerze
- eine Bibel
- ein großes, helles Tuch
- getrocknete Duftrosen; Apotheker- oder Damaszenerrosen sind in der Apotheke erhältlich
- viele bunte und unterschiedliche Tücher
- einen CD-Player und eine CD mit ruhiger Musik

Die Kinder sitzen im Stuhlkreis. Das große, helle Tuch, auf dem die Jesuskerze und die Bibel stehen, liegt eventuell auf einem Hocker auf der Kreislinie. Die Kreismitte ist frei.

ERÖFFNUNG UND BEGRÜSSUNG
Ich begrüße euch alle zu unserem Ostergottesdienst.
An Ostern schenkt uns Gott durch Jesus seinen größten Segen.
Heute hören wir, dass uns Jesus seine Liebe schenkt.

Wir beginnen unseren österlichen Gottesdienst mit dem Kreuzzeichen der Kinderkirche:
Lieber Gott, ich denk an dich,
Alle machen ein kleines Kreuzzeichen auf die Stirn,
ich sprech' von dir,
auf dem Mund
ich liebe dich,
und auf das Herz.
lieber Gott, beschütze mich.

LIED

Die Osterzeit ist eine Zeit der Freude.
Deswegen singen wir wieder unser Lied der Freude.

Das ist der Tag, den Gott gemacht
(Text und Melodie siehe: Mit Freude gesegnet – 3. Sonntag in der Osterzeit).

Das ist der Tag, den Gott gemacht.
Mit der rechten Hand beschreiben alle eine großen Kreisbogen.
Der Freud in alle Welt gebracht,
Alle strecken ihre Arme rechts und links zu den Nachbarn aus und lächeln diese an.
es freu sich, was sich freuen kann,
Alle klatschen in die Hände.
denn Wunder hat der Herr getan.
Alle führen die Hände nach oben und drehen sich um die eigene Achse.

GEBET
Wir wollen beten:

Guter Gott,
in der Osterzeit bringst du uns deine Liebe.
Du segnest uns mit allem Guten.
In den Geschichten der Auferstehung hören wir von deinem Segen.
Amen.

HINFÜHRUNG
Heute hören wir von einer besonderen Liebe.
Jesus zeigt uns diese Liebe. Er zeigt sie uns in seinem Leben und seinen Werken; und er erzählt uns viele Geschichten von seiner Liebe.
Heute wollen wir uns an diese Liebe erinnern, wir wollen sie sehen und auch riechen.

Gibt es Menschen, bei denen ihr Liebe ganz besonders spürt? Die euch ganz lieb haben? Die ihr ganz lieb habt? Wer ist das?
KINDER: Vater, Mutter, Oma, Opa, Freunde.

Schließt einmal die Augen und stellt euch einen dieser Menschen vor, der euch ganz lieb hat und den ihr ganz lieb habt. Versucht diese Liebe zu spüren.

Damit uns das leichter fällt, spiele ich jetzt mit dem Kassettenrecorder ein wenig Musik ein.

Die Leiterin blendet die ruhige Musik langsam ein.
Nach ungefähr 30 Sekunden stellt sie Fragen.

Wir denken an die Liebe, die uns die Mutter oder der Vater schenkt.
Versucht einmal euch vorzustellen, welche Farbe diese Liebe hat.
Ist sie hell oder dunkel?
Leuchtet die Farbe oder ist sie matt?
Ist es eine starke Farbe oder eine schwache Farbe?

Die Leiterin blendet nach ungefähr weiteren 15 Sekunden die Musik langsam aus.

Ihr könnt jetzt eure Augen wieder öffnen.
Ich habe hier viele Tücher in ganz verschiedenen Farben. Sucht euch eine ähnliche Farbe heraus, die ihr euch vorgestellt habt. Welche Farbe hat diese Liebe? Legt das Tuch dann hier in unsere Mitte.

Die Kinder nehmen sich ein Tuch und legen es in die Mitte. Es entsteht in der Mitte ein großer bunter Tücherteppich. Wenn alle fertig sind, dann betrachten allen gemeinsam die Farben im Mittelpunkt: Sind sie eher hell oder dunkel, leuchtend oder matt, stark oder schwach?

GEBET
Wir wollen beten:

Guter Gott,
du schenkst uns Menschen, die uns lieben und die wir lieben.
Ihre Liebe ist hell und freundlich.
Sie macht unser Leben schön.
Sie ist ein Segen für unser Leben.
Amen.

LIED

T: Rolf Krenzer M: Detlev Jöcker, © Menschenkinder Verlag, 48157 Münster

Mit Liebe gesegnet – 5. Sonntag

WEITERFÜHRUNG
Wir sehen die Farben der Liebe.
Es gibt auch Blumen, die Menschen an die Liebe erinnern.
Und wenn sie jemand besonders gern haben, dann schenken sie ihm eine ganz besondere Blume.
Ich habe diese Blume in dem Tuch. Es sind ganz viele und ich habe sie getrocknet. Wenn ich meine Nase an das Tuch halte, dann kann ich sie riechen. Sie duften.

Die Leiterin geht mit dem Tuch herum und lässt die Kinder daran riechen.
Wenn es viele Kinder sind, sollten zwei oder drei Helfer mit den Rosen herumgehen. Jedes Kind darf sich, nachdem es an den Rosen gerochen hat, eine Knospe herausnehmen.
Wenn jedes Kind eine Rose hat, werden sie gemeinsam betrachtet:

Die Blüte ist klein und trocken und trotzdem duftet sie noch; so stark ist ihre Kraft.

Die Kinder sollen dann ihre Knospen auf den Tüchern verteilen. Es entsteht ein richtiger »Rosengarten«.

LIED
Möge die Liebe Gottes mit dir sein.

LIED UND TANZ
Möge die Liebe Gottes mit dir sein.
Alle gehen im Kreis nach rechts.
Möge die Liebe Gottes in dir wohnen.
Alle gehen im Kreis nach links.
Möge die Liebe Gottes dein Herz erfreuen,
Alle gehen nach innen und heben die Arme.
jetzt und immerdar.
Alle gehen nach außen und senken die Arme.

LESUNG

Lesejahr A Lesung Joh 14,1b.12a	Lesejahr B Lesung Joh 15,7	Lesejahr C Lesung Joh 13,34
In der Bibel lesen wir, was uns Jesus sagt. Er spricht von Werken. Wer weiß, was Werke sind? – Taten. In jener Zeit sprach Jesus: Glaubt an Gott und glaubt an mich. Wer an mich glaubt, wird die Werke, die ich vollbringe, auch vollbringen. *Die Leiterin macht eine kurze Pause.* Wer an mich glaubt, wird die Werke, die ich vollbringe, auch vollbringen. Welche Werke, welche Taten meint Jesus? *Die Leiterin sammelt die Antworten der Kinder. Schließlich zeigt sie auf die Rosen und die Tücher.* Wer an Jesus glaubt, wird die Werke der Liebe vollbringen. *Die Leiterin stellt die Jesuskerze inmitten der Tücher. Dazu legt sie die offene Bibel.*	In der Bibel lesen wir: In jener Zeit sprach Jesus: Wenn ihr in mir bleibt und wenn meine Worte bei euch bleiben, dann bittet um alles, was ihr wollt: Ihr werdet es erhalten. *Die Leiterin macht eine kurze Pause.* Dann bittet um alles, was ihr wollt: Ihr werdet es erhalten. Um was bitten Menschen? Was brauchen Menschen am meisten? *Die Leiterin sammelt die Antworten der Kinder. Schließlich zeigt sie auf die Rosen und die Tücher.* Menschen bitten Jesus um die Liebe und Jesus schenkt den Menschen die Liebe. *Die Leiterin stellt die Jesuskerze inmitten der Tücher. Dazu legt sie die offene Bibel.*	In der Bibel lesen wir: In jener Zeit sprach Jesus: Ein neues Gebot gebe ich euch: Liebt einander! Wie ich euch geliebt habe, so sollt ihr einander lieben. *Die Leiterin macht eine kurze Pause.* Liebt einander! Wie ich euch geliebt habe, so sollt ihr euch lieben. *Die Leiterin stellt die Jesuskerze inmitten der Tücher. Dazu legt sie die offene Bibel.*

Mit Liebe gesegnet – 5. Sonntag

FEIERLICHER SCHLUSSSEGEN

Wir haben gehört und gesehen: Jesus schenkt uns seine Liebe. Das ist sein großer Segen.

Diesen Segen wollen wir miteinander von Gott erbitten: Wir strecken die Hände zu unserer Jesuskerze aus.

Wir zeigen mit unseren Händen, dass wir zu Jesus gehören und dass wir seine Liebe erbitten.

Wir bleiben so eine kleine Weile ganz still stehen und schauen in unsere Mitte.

Guter Gott,
an Ostern feiern wir Auferstehung.
Wir hören von deiner Liebe.
Wir bitten dich:
Schenke uns deine Liebe.
Schenke uns deinen Segen.
Darum bitten wir durch Jesus Christus, der unter uns lebendig ist.
Amen.

Wir nehmen die Hände wieder zurück und fassen uns alle noch einmal an den Händen. Mit einem Händedruck wünschen wir uns einen frohen und gesegneten Sonntag.

LIED UND TANZ
Möge der Segen Gottes mit dir sein.

Zum Abschied kann sich jedes Kind eine Rosenknospe mitnehmen.

Mit Frieden gesegnet –
6. SONNTAG IN DER OSTERZEIT

Benötigt werden:
- eine Jesuskerze
- eine Bibel
- ein großes, helles Tuch
- drei Teelichter; es ist schön, wenn die Teelichter in kleinen Teelichthaltern sind

Die Kinder sitzen im Stuhlkreis. Im Mittelpunkt stehen auf dem großen, hellen Tuch die Jesuskerze und die Bibel.

ERÖFFNUNG UND BEGRÜSSUNG
Ich begrüße euch alle zu unserem Ostergottesdienst.
An Ostern schenkt uns Gott durch Jesus seinen größten Segen.
Heute hören wir, dass uns Jesus seinen Frieden schenkt.

Wir beginnen unseren österlichen Gottesdienst mit dem Kreuzzeichen der Kinderkirche:

Lieber Gott, ich denk an dich,
Alle machen ein kleines Kreuzzeichen auf die Stirn,
ich sprech' von dir,
auf dem Mund
ich liebe dich,
und auf das Herz.
lieber Gott, beschütze mich.

LIED

Die Osterzeit ist eine Zeit der Freude. Deswegen singen wir wieder unser Lied der Freude »Das ist der Tag, den Gott gemacht«
(Text und Melodie siehe: Mit Freude gesegnet – 3. Sonntag in der Osterzeit).

Das ist der Tag, den Gott gemacht.
Mit der rechten Hand beschreiben alle eine großen Kreisbogen.
Der Freud in alle Welt gebracht,
Alle strecken ihre Arme rechts und links zu den Nachbarn aus und lächeln diese an.
es freu sich, was sich freuen kann,
Alle klatschen in die Hände.
denn Wunder hat der Herr getan
Alle führen die Hände nach oben und drehen sich um die eigene Achse.

EINFÜHRUNG

Lesejahr A	Lesejahr B	Lesejahr C
Wir hören heute von der Wahrheit. *Die Leiterin entzündet ein Teelicht und stellt es zur Jesuskerze.* Wenn die Wahrheit herrscht, gibt es dann noch Unfrieden und Streit unter den Menschen? KINDER: Nein, in der Wahrheit gibt es nur Frieden. *Die Leiterin entzündet ein zweites Teelicht und stellt es zur Jesuskerze.* Wenn die Wahrheit herrscht, gibt es dann noch Feindschaften unter den Menschen? KINDER: Nein, in der Wahrheit gibt es nur Freundschaft. *Die Leiterin entzündet ein drittes Teelicht und stellt es zur Jesuskerze.*	Wir hören heute von der Freundschaft, die Jesus uns schenkt. *Die Leiterin entzündet ein Teelicht und stellt es zur Jesuskerze.* Gibt es unter Freunden noch Unfrieden und Streit? KINDER: Nein, unter Freunden gibt es nur Frieden. *Die Leiterin entzündet ein zweites Teelicht und stellt es zur Jesuskerze.* Gibt es unter Freunden Unwahrheit und Lüge? KINDER: Nein, unter Freunden gibt es nur Wahrheit. *Die Leiterin entzündet ein drittes Teelicht und stellt es zur Jesuskerze.*	Wir hören heute vom Frieden. *Die Leiterin entzündet ein Teelicht und stellt es zur Jesuskerze.* Wenn Frieden ist, gibt es dann noch Feinde unter den Menschen? KINDER: Nein, im Frieden gibt es nur Freunde. *Die Leiterin entzündet ein zweites Teelicht und stellt es zur Jesuskerze.* Wenn Frieden ist, gibt es dann noch Lüge und Unwahrheit unter den Menschen? KINDER: Nein, im Frieden gibt es nur Wahrheit. *Die Leiterin entzündet ein drittes Teelicht und stellt es zur Jesuskerze.*

Mit Frieden gesegnet – 6. Sonntag

GEBET

Guter Gott,
in der Osterzeit segnest du uns und machst uns froh.
Du schenkst uns deinen Frieden, deine Freundschaft und deine Wahrheit.
Dafür danken wir dir.
Amen.

ÜBUNG ZUM FRIEDENSGRUSS

Wir wollen uns heute einmal unsere Hand anschauen.
Öffnen wir unsere Hände und schauen wir uns unsere Handfläche an.
Fahren wir mit einem Finger die Umrisse unserer Hand nach.
Spüren wir, wie das ein wenig kitzelt.
Vergleichen wir unsere Hände mit denen unseres Nachbarn.
Wer hat größere Hände?
Hat unser Nachbar eine kalte Hand oder eine warme Hand?
Ist sie feucht oder trocken?
Was kann man alles mit einer Hand machen?

Die Leiterin sammelt die Antworten der Kinder.

Im Gottesdienst machen die Menschen mit ihrer Hand etwas.
Wir zeigen es euch. Achtet dabei auf unsere Hände und unser Gesicht:

Zwei Erwachsene wenden sich in deutlich offener Haltung einander zu und geben sich die Hände, dabei schauen sie sich freundlich und offen in die Augen.

Habt ihr gesehen, was wir gemacht haben?
Könnt ihr uns zeigen, was wir gemacht haben?

Die Leiterin sammelt die Antworten der Kinder.

Wenn die Menschen das machen, sagen sie im Gottesdienst auch etwas:

Die zwei Erwachsenen wiederholen die Geste und sprechen nacheinander zum jeweils anderen:

Der Friede sei mit dir.

Habt ihr gehört, was wir gesagt haben?
Könnt ihr wiederholen, was wir gesagt haben?

Sagen wir alle zusammen:
Der Friede sein mit dir.

Sagen das Feinde zueinander oder sagen das Freunde zueinander?
KINDER: Freunde.

Soll man das unehrlich und falsch sagen?
KINDER: Nein, ehrlich und wahr.

Mit Frieden gesegnet – 6. Sonntag

LESUNG

In der Bibel lesen wir, was uns Jesus sagt.

Lesejahr A Lesung Joh 14,16–17a	Lesejahr B Lesung Joh 15,15	Lesejahr C Lesung Joh 14,27
In jener Zeit sprach Jesus: Gott wird euch einen Beistand geben, der für immer bei euch bleiben soll. Es ist der Geist der Wahrheit. *Die Leiterin macht eine kurze Pause.* Es ist der Geist der Wahrheit. *Die Leiterin legt die Bibel wieder offen in den Mittelpunkt.*	In jener Zeit sprach Jesus: Ich nenne euch nicht mehr Diener. Vielmehr habe ich euch Freunde genannt. *Die Leiterin macht eine kurze Pause.* Ich habe euch Freunde genannt. *Die Leiterin legt die Bibel wieder offen in den Mittelpunkt.*	In jener Zeit sprach Jesus: Frieden hinterlasse ich euch, meinen Frieden gebe ich euch. *Die Leiterin macht eine kurze Pause.* Frieden hinterlasse ich euch, meinen Frieden gebe ich euch. *Die Leiterin legt die Bibel wieder offen in den Mittelpunkt.*

ÜBERLEITUNG ZUM FRIEDENSGRUSS

Lesejahr A	Lesejahr B	Lesejahr C
Jesus schenkt uns die Wahrheit. In dieser Wahrheit dürfen wir uns ehrlich und aufrichtig den Frieden wünschen:	Jesus schenkt uns seine Freundschaft. Als Freunde dürfen wir uns den Frieden wünschen:	Jesus schenkt uns seinen Frieden. Deswegen dürfen wir ihn uns auch gegenseitig wünschen.

FRIEDENSGRUSS

Ich wünsche meinem rechten Nachbarn den Frieden. Der gibt ihn an seinen Nachbarn weiter, bis wir alle nacheinander dran waren und der Gruß in unserem Kreis ganz herum gegangen ist..
Geben wir uns ein Zeichen des Friedens!

LIED UND TANZ

Das Lied wird zuerst einmal gemeinsam gesungen. Dann folgen die Bewegungen. Die Kinder machen einen großen Kreis und fassen sich an den Händen.

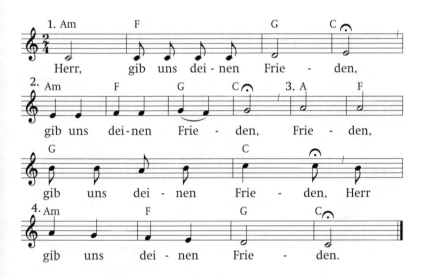

T: Wolfgang Poeplau M: Ludger Edelkötter
© T: Wolfgang Poeplau, Münster
© KiMu Kinder Musik Verlag GmbH, 45219 Essen

Mit Frieden gesegnet – 6. Sonntag

Herr, gibt uns deinen Frieden,
Alle gehen im Kreis nach rechts.
gib uns deinen Frieden,
Alle gehen im Kreis wird nach links.
Frieden, gib uns deinen Frieden,
Alle gehen nach innen und heben die Arme.
Herr, gib uns deinen Frieden.
Alle gehen wieder nach außen und senken die Arme.

BESINNUNG

Lesejahr A	**Lesejahr B**	**Lesejahr C**
Wahrheit ist, wenn wir in Frieden leben dürfen.	Freunde leben in Frieden miteinander.	Frieden ist, wenn wir Freunde sein dürfen.
Lied und Tanz	*Lied und Tanz*	*Lied und Tanz*
Wahrheit ist, wenn wir Freunde sein dürfen.	Freunde halten sich immer an die Wahrheit.	Frieden ist, wenn wir zueinander ehrlich sein dürfen.
Lied und Tanz	*Lied und Tanz*	*Lied und Tanz*
Wahrheit ist, wenn wir zueinander ehrlich sein dürfen.	Freunde sind füreinander da.	Frieden ist, wenn in unseren Herzen die Sonne scheint.

FEIERLICHER SCHLUSSSEGEN

Wir haben gehört und gesehen: Jesus schenkt uns den Frieden,
er schenkt uns Freundschaft und er schenkt uns Wahrheit.
Das ist sein großer Segen.
Diesen Segen wollen wir miteinander von Gott erbitten:
Wir strecken die Hände zu unserer Jesuskerze aus.
Wir zeigen mit unseren Händen, dass wir zu Jesus gehören.
Wir bleiben so eine kleine Weile ganz still stehen und schauen in unsere Mitte.

Guter Gott,
an Ostern feiern wir Auferstehung.
Du bringst uns den Frieden.
Im Frieden finden wir Wahrheit und Freundschaft.
Wir bitten dich:
Schenke uns deinen Frieden und segne uns damit.
Darum bitten wir durch Jesus Christus, der unter uns lebendig ist.
Amen.

Wir nehmen die Hände wieder zurück und fassen uns alle noch einmal an den Händen. Mit einem Händedruck wünschen wir uns einen frohen und gesegneten Sonntag.

Der Händedruck wird weitergegeben.

Gehen wir hin in Frieden – Dank sei Gott, dem Herrn.

Mit Frieden gesegnet – 6. Sonntag

Mit dem Namen Gottes gesegnet –
7. SONNTAG IN DER OSTERZEIT

Benötigt werden:
- farbige Karten mit verschiedenen Blumen- und Pflanzenmotiven (Baum, Rose, Gänseblümchen, Tulpe, Sonnenblume, Löwenzahn, Getreide) in ausreichender Zahl
- eine Papierrolle, am besten die Rückseite einer Tapetenrolle
- Tesakrepp
- Stifte

Das Modell beschreibt eine Feier in der Pfarrkirche mit Beteiligung Erwachsener. Die Teilnehmer sitzen in den Kirchenbänken. Die Jesuskerze steht gut sichtbar im Altarraum.

EINGANG

1. Das ist der Tag, den Gott gemacht, der Freud in alle Welt gebracht. Es freu sich, was sich freuen kann, denn Wunder hat der Herr getan.

Segensfeiern an den Sonntagen der Osterzeit

3. Wir sind getauft auf Christi Tod
und auferweckt mit ihm zu Gott.
Uns ist geschenkt sein Heilger Geist,
ein Leben, das kein Tod entreißt.

5. Nun singt dem Herrn das neue Lied,
in aller Welt ist Freud und Fried.
Es freu sich, was sich freuen kann,
denn Wunder hat der Herr getan.

M: nach Johannes Leisentrit 1567, T: nach Heinrich Bone 1851, Strophe 3: Friedrich Dörr 1972

ERÖFFNUNG UND BEGRÜSSUNG
Ich darf Sie alle zu diesem Sonntag in der Osterzeit begrüßen. Heute feiern wir Kinderkirche in der großen Kirche zusammen mit der Gemeinde.
Wir beginnen mit dem Kreuzzeichen der Kinderkirche.

Lieber Gott, ich denk an dich,
Alle machen ein kleines Kreuzzeichen auf die Stirn,
ich sprech' von dir,
auf dem Mund
ich liebe dich,
und auf das Herz.
lieber Gott, beschütze mich.

Die Kinder begehen in den Kindergottesdiensten die Osterzeit als eine besondere Segenszeit.
Osterzeit ist Segenszeit.
Vom Ostersegen erzählt uns jeden Sonntag das Evangelium. Heute hören wir davon, dass uns Jesus den Namen Gottes schenkt.

Mit dem Namen Gottes gesegnet – 7. Sonntag

KYRIE

Jesus ist in unserer Mitte. Ihn dürfen wir anrufen:

KIND: Jesus, du bringst Freude in alle Welt.
    Herr, erbarme dich unser.

KIND: Jesus, du kommst zu uns und bist uns nah.
    Herr, erbarme dich unser.

KIND: Jesus, du schenkst uns den Namen Gottes.
    Herr, erbarme dich unser.

GEBET

Herr, unser Gott,
Jesus ist auferstanden von dem Tod.
Er ruft uns zu: Kommet alle zu mir.
Wir wollen auf ihn hören und seine Liebe feiern.
Darum bitten wir durch Christus unsren Herrn. Amen.

LIED

Kom-met al-le zu mir,— kom-met al-le zu mir!— Sie-he, ich will euch Lie-be schen-ken,— kom-met al-le zu mir!
Frie-den
Frei-heit

T u. M: überliefert

LESUNG

Lesejahr A Lesung Joh 17,6	Lesejahr B Lesung Joh 17,6a.11b	Lesejahr C Lesung Joh 17,26
In der Bibel lesen wir, was uns Jesus sagt:	In der Bibel lesen wir, was uns Jesus sagt:	In der Bibel lesen wir, was uns Jesus sagt:
In jener Zeit hob Jesus seine Augen zum Himmel und sprach: Ich habe deinen Namen den Menschen offenbart, die du mir aus der Welt gegeben hast.	In jener Zeit erhob Jesus seine Augen zum Himmel und betete: Vater, ich habe deinen Namen den Menschen offenbart, die du mir aus der Welt gegeben hast. Heiliger Vater bewahre sie in deinem Namen, den du mir gegeben hast, damit sie eins sind wie wir.	In jener Zeit erhob Jesus seine Augen zum Himmel und betete: Ich habe ihnen deinen Namen bekannt gemacht und werde ihn bekannt machen, damit die Liebe, mit der du mich geliebt hast, in ihnen und damit ich in ihnen bin.

NAMENSAKTION

Drei Kinder treten vor die Gemeinde. Sie sprechen in ein bewegliches Mikrophon. Eines nach dem anderen liest einen vorbereiteten Text:

Ich heiße ...
An meinem Namen gefällt mir ...
Besonders schön spricht meinen Namen ... aus, wenn er/sie ...
Meine Freunde nennen mich ....
Meine Eltern nennen mich ...
Zu meinem Namen passt am besten ... (Baum, Rose, Gänseblümchen, Tulpe, Sonnenblume, Löwenzahn, Getreide)
Mir gefällt daran ...

Mit dem Namen Gottes gesegnet – 7. Sonntag

ANSPRACHE

Stellen wir uns alle einmal die Fragen, die auch die Kinder für sich beantwortet haben:

Zwischen den Impulsfragen werden jeweils kurze Sprechpausen gemacht.

Was gefällt mir besonders an meinem Namen?
Wer spricht meinen Namen für mich am schönsten aus?
Wie nennen mich meine Freunde, wie meine Eltern?
 Wie nennen mich meine Kinder?
Welche Erinnerungen werden wach?
Welche Pflanze passt am besten zu meinem Namen?
Was würde ich mir aussuchen, wenn ich die Wahl hätte zwischen einem Baum, einer Rose, einem Gänseblümchen, einer Tulpe, einer Sonnenblume, einem Löwenzahn, einem Getreidehalm?
Was würde mir an der Pflanze besonders gefallen, die ich mir ausgesucht habe?
Das sind Fragen, die nicht immer leicht zu beantworten sind.

Eine Frage möchte ich Ihnen hier tatsächlich stellen: Welche Pflanze passt am besten zu meinem Namen?
 Sie haben jetzt die Gelegenheit sich eine auszusuchen. Hier sind Karten, auf die jeweils eine Pflanze gemalt ist. Wählen sie die ihre aus und schreiben sie ihren Namen darauf. Es liegen Stifte bereit. Jeder kann aufstehen und nach vorne kommen, jeder ob groß oder klein. Wir heften die Karten dann auf dieses Papierband und legen es um den Altar.

Zur Aktion wird instrumentale Musik gespielt.
Nachdem die Aktion beendet ist und viele bunte Karten mit verschiedenen Blumenmotiven an dem Papierband angebracht sind, folgt der zweite Teil der Ansprache.

Namen sind mehr als Bezeichnungen, mehr als eine Etikette mit Aufschrift.
Mein Name – das bin zu einem guten Stück ich selbst. Er ist Ausdruck meiner unverwechselbaren Identität. Viele Geschichten sind an meinen Namen gebunden. Viele schöne, aber auch leidvolle Erinnerungen.
Nicht jedem möchte ich meinen Namen sagen. Es muss einen Grund haben, dass ich meinen Namen weitergebe. Der schönste Grund ist wohl: dass ich den anderen gerne habe und dass ich mit ihm Gemeinschaft haben möchte.

Wir hören heute im Evangelium, wie Jesus zu Gott betet:

Ich habe ihnen deinen Namen bekannt gemacht und werde ihn bekannt machen, damit die Liebe, mit der du mich geliebt hast, in ihnen ist und damit ich in ihnen bin.

Gott will Gemeinschaft mit uns haben.
Jesus spricht von der Liebe Gottes, die mit seinem Namen zu uns kommt.
Aber: Welchen Namen meint Jesus?
Wie heißt der Name, den er uns bekannt gemacht hat?
Wie lautet der Gottesname, der Name Gottes?
Die Bibel gibt uns auf diese Frage viele Antworten.
Ich meine hier kann nur einer gemeint sein:
Es ist der Name Jesu selbst.
Jesus ist der Gottesname.

Viele Erinnerungen werden wach beim Klang dieses Namens.
Welche ist wohl die schönste für jeden Einzelnen von uns?
Welche Pflanze passt wohl am besten zu dem Namen Jesus?
Da wird sicherlich jeder eine andere aussuchen.

Mit dem Namen Gottes gesegnet – 7. Sonntag

Für mich passt zum Namen Jesus am ehesten ein Baum. Mir gefällt daran, dass ein Baum sehr stark ist, dass er tiefe Wurzeln hat und seine Arme breit in alle Richtungen streckt. Auch die Kinder haben sich die Frage gestellt:

Die drei Kinder sagen der Reihe nach, welche Pflanze für sie zum Namen Jesus passt und was ihnen daran gefällt.

FÜRBITTEN
Lasst uns nun vor Gott unsere Bitten bringen.

KIND: Guter Gott, in der Taufe haben wir unseren Namen bekommen und sind deine Kinder geworden. Lass uns ganz deutlich deine Liebe spüren.
ALLE: Wir bitten dich, erhöre uns.
KIND: Guter Gott, so unterschiedlich wie unsere Namen sind auch wir selbst. Hilf uns, dass wir unsere besonderen Fähigkeiten immer wieder für andere einsetzen können.
ALLE: Wir bitten dich, erhöre uns.
KIND: Guter Gott, manchmal fühlen wir uns fremd und allein. Schenke uns Menschen, die auf uns zugehen und uns ihren Namen sagen.
ALLE: Wir bitten dich, erhöre uns.
KIND: Guter Gott, von vielen Menschen kennen wir den Namen und wir haben sie lieb. Halte deine schützende Hand über sie alle.
ALLE: Wir bitten dich, erhöre uns.
KIND: Guter Gott, mit manchen Namen verbinden wir nichts Gutes. Schenke uns die Kraft zu verzeihen und uns wieder zu versöhnen.
ALLE: Wir bitten dich, erhöre uns.
Darum bitten wir durch Christus unseren Herrn. Amen.

LIED

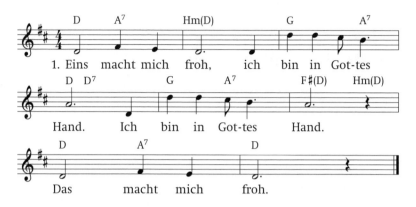

1. Eins macht mich froh, ich bin in Gottes Hand. Ich bin in Gottes Hand. Das macht mich froh.

T u. M: Wilfried Schindler

DANKGEBET

ERWACHSENER: Guter Gott, am Ostermorgen war die Welt nicht mehr so wie sie vorher war. Du hast in der Auferstehung deines Sohnes die Welt erneuert.

KIND: Guter Gott, wir danken dir für das Leben: für die Blumen, für die Tiere, für die Menschen und für uns selbst.

LIEDRUF

T u. M: Franz Kett
aus: Religionspädagogische Praxis, Religionspädagogische Arbeitshilfen,
Jhg. 1978, Nr. I, S. 29. »Mutter Erde und ihre Frucht«
© RPA-Verlag, Landshut

ERWACHSENER: Guter Gott, Jesus offenbart uns deinen Namen. Wenn wir ihn anrufen, rufen wir dich an. Du schenkst uns deine Liebe und deine Gemeinschaft.

KIND: Guter Gott, wir danken dir für die vielen Erinnerungen, die du uns mit dem Namen Jesus schenkst. Es sind gute Erinnerungen. Sie bringen uns Freude und Mut zum Leben.

LIEDRUF

ALLE: Für all das woll'n wir unserm Gott unser Danke sagen.

ERWACHSENER: Guter Gott, wir werden getauft auf deinem Namen. In der Taufe schenkst du uns die Gemeinschaft mit dir. In der Taufe werden wir zu Christen und dürfen deinen Namen tragen.

KIND: Guter Gott, wir danken dir für unsere Namen. Sie können uns an dich erinnern.

LIEDRUF

ALLE: Für all das woll'n wir unserm Gott unser Danke sagen.

VATERUNSER

Die Kinder werden eingeladen, sich im Altarraum oder um den Altar zu versammeln und sich an den Händen zu fassen.

FRIEDENSGRUSS UND LIED
Herr, gib uns deinen Frieden.
(Text und Melodie siehe: Mit Frieden gesegnet – 6. Sonntag in der Osterzeit)

GEBET
Guter Gott,
sei uns nah und höre unseren Dank und unsere Bitten.
Lass uns deinen Namen nicht vergessen.
Mit ihm wollen wir uns an dich wenden und Gemeinschaft
mit dir finden. Amen.

FEIERLICHER SCHLUSSSEGEN
Wir haben gehört und gesehen: Jesus ist der Name Gottes. So dürfen wir ihn nennen. Das ist sein großer Segen. Diesen Segen wollen wir von Gott erbitten.
  Wir strecken die Hände nach vorne zu unserer Jesuskerze aus. Wir zeigen mit unseren Händen, dass wir zu Jesus gehören. Wir bleiben so eine kleine Weile ganz still stehen.

Guter Gott,
an Ostern feiern wir Auferstehung.
Du bringst uns deinen Namen.
Wir bitten dich:
Segne uns mit deinem Namen, Jesus.
Darum bitten wir durch Jesus Christus, der unter uns lebendig ist.
Amen.

Mit dem Namen Gottes gesegnet – 7. Sonntag

Wir nehmen die Hände wieder zurück und fassen uns alle noch einmal an den Händen. Mit einem Händedruck wünschen wir uns einen frohen und gesegneten Sonntag.

Der Händedruck wird weitergegeben.

Gehen wir hin in Frieden – Dank sei Gott, dem Herrn.

LIED
Möge der Segen Gottes mit dir sein.

Text und Melodie siehe: Mit Liebe gesegnet – 5. Sonntag in der Osterzeit)

Mit dem Heiligen Geist gesegnet –
PFINGSTSONNTAG

Benötigt werden:
- eine Jesuskerze
- eine Bibel
- ein großes, rotes Tuch
- 4 große Figuren
- Tücher in hellen und dunklen Farben außer rot
- Stoffbänder oder Seile, mit denen die Umrisse eines Raumes auf dem Boden gelegt werden können
- 4 rote Kerzen (rote Haushaltskerzen) mit Kerzenständer
- 20–25 große Bauklötze
- für jedes Kind ein rotes Teelicht, das jeweils auf ein kleines, kreisrundes, rotes Tonpapier geklebt ist

Die Kinder sitzen im Stuhlkreis. Der Mittelpunkt ist leer. Die Jesuskerze und die Bibel stehen etwas erhöht (Hocker oder Tisch) auf dem roten Tuch an der Kreislinie.

Der Originaltext des Liedes »Gottes Kraft geht alle Wege mit« wurde verändert.

ERÖFFNUNG UND BEGRÜSSUNG

Die Osterzeit neigt sich mit diesem Sonntag zu Ende. Er heißt Pfingstsonntag.

Deswegen begrüße ich euch alle heute zu unserem letzten Ostergottesdienst in diesem Jahr.

An Ostern schenkt uns Gott durch Jesus seinen größten Segen. Heute hören wir, dass uns Jesus seinen Heiligen Geist schickt.

Wir beginnen unseren österlichen Gottesdienst mit dem Kreuzzeichen der Kinderkirche:

Lieber Gott, ich denk an dich,
Alle machen ein kleines Kreuzzeichen auf die Stirn,
ich sprech' von dir,
auf dem Mund
ich liebe dich,
und auf das Herz.
lieber Gott, beschütze mich.

LIED
Die Osterzeit ist eine Zeit der Freude.
Deswegen singen wir wieder unser Lied der Freude »Das ist der Tag, den Gott gemacht«.

(Text und Melodie siehe: Mit Freude gesegnet – 3. Sonntag in der Osterzeit)

Das ist der Tag, den Gott gemacht.
Mit der rechten Hand beschreiben alle eine großen Kreisbogen.
Der Freud in alle Welt gebracht,
Alle strecken ihre Arme rechts und links zu den Nachbarn aus und lächeln diese an.
es freu sich, was sich freuen kann,
Alle klatschen in die Hände.
denn Wunder hat der Herr getan.
Alle führen die Hände nach oben und drehen sich um die eigene Achse.

GEBET

Guter Gott,
die Osterzeit ist eine Zeit der Freude. Sieben Sonntage lang haben wir die Geschichten deiner Auferstehung gehört.
Wir bitten dich: Sei bei uns, wenn wir heute den Pfingstsonntag feiern.
Amen.

HINFÜHRUNG

Heute hören wir von der Kraft Gottes. In der Bibel hat diese Kraft einen besonderen Namen:
Sie heißt der Heilige Geist. Heute am Pfingstsonntag feiern wir das Fest des Heiligen Geistes.
Der Heilige Geist ist die Kraft Gottes. Sie ist sehr stark und sehr gut. Gottes Kraft geht alle Wege mit.

LIED

nach: M: F.R. Daffner, T: A. Delp

LESUNG – Joh 20,19a.20b.22b (Lesejahr A,B,C)

Dieser Teil wird am besten von zwei Personen ausgeführt.

PERSON 1
Im Evangelium hören wir von einem Raum.
Es wird mit Bändern auf dem Boden einen viereckigen Raum gelegt.
Der Raum war verschlossen.
Auf die Bänder wird mit den Bauklötzen eine halbhohe Mauer gebaut.

LIED
Gottes Geist geht alle Wege mit.

In dem Raum waren die Jünger, die Freunde Jesu.
Die vier großen Figuren werden in den Raum gestellt.
Sie waren ganz alleine, Jesus war nicht bei ihnen.
Sie hatten Angst, weil Jesus nicht mehr bei ihnen war.
Ich habe hier Tücher. Wir können damit den Raum auslegen.
Welche Tücher hier zeigen die Angst der Jünger?
Kinder legen die dunklen Tücher in den Raum um die Figuren.

PERSON 2
In der Bibel beginnt die Geschichte so:
Am Abend des ersten Tages der Woche, als die Jünger aus Angst die Türen verschlossen hatten.

LIED
Gottes Geist geht alle Wege mit.

PERSON 1
Da kam Jesus zu ihnen.

Die Jesuskerze wird zu den Figuren gestellt.

Als die Jünger Jesus sahen, da freuten sie sich. Welche Tücher zeigen uns die Freude der Jünger?

Die hellen Tücher werden in den Raum um die Figuren gelegt.

PERSON 2
In der Bibel geht es in der Geschichte so weiter:
Am Abend des ersten Tages der Woche, als die Jünger aus Angst die Türen verschlossen hatten, trat Jesus in ihre Mitte. Da freuten sich die Jünger, dass sie den Herrn sahen.

LIED
Gottes Geist geht alle Wege mit.

Jesus sagt zu den Jüngern:
Empfangt den Heiligen Geist!

Zu den Figuren wird jeweils eine rote Kerze gestellt und diese an der Jesuskerze entzündet.

LIED
Gottes Kraft geht alle Wege mit.

PERSON 1
Jesus hat den Jüngern seine Kraft geschenkt. Jetzt können die Jünger die Türen öffnen.

An den vier Seiten wird jeweils ein Baustein wie eine Tür geöffnet.

Mit dem Heiligen Geist gesegnet – Pfingstsonntag

Die Jünger können nun hinausgehen.

Die Figuren werden mit den Kerzen jeweils in die »Türen« gestellt.

LIED

Gottes Geist geht alle Wege mit.

SEGNUNG

Jesus hat den Jüngern seine Kraft geschenkt. Die Jünger können nun die Türen öffnen und zu den Menschen gehen. Sie erzählen den Menschen von Jesus und sie geben weiter, was sie selbst empfangen haben: den Heiligen Geist.

Sie kommen auch zu uns. Auch wir können den Geist empfangen.

Wir wollen beten:
**Guter Gott,
du schenkst uns deine Kraft. Es ist dein Heiliger Geist.
Die Jünger haben dieses Geschenk an uns weitergegeben.**
Wir bitten dich:
**Dein Heiliger Geist verbinde uns mit dir und er mache uns zu einer großen Gemeinschaft.
Amen.**

Jedes Kind bekommt jetzt ein rotes Teelicht. Ein Erwachsener nimmt das Licht der Jünger und entzündet damit die Teelichter der Kinder. Er sagt dazu:
Sei gesegnet mit dem Heiligen Geist.

Wenn eure Kerze brennt, haltet sie in der Hand, bis alle eine haben.

LIED UND TANZ

Die Teelichter werden zur Mitte hin als Kreis abgestellt.
Alle stellen sich in den Kreis und geben sich die Hände.

Gottes Geist geht alle Wege mit.
Alle gehen nach rechts.
Gottes Geist geht alle Wege mit.
Alle gehen nach links.
Alle Wege geht Gott mit.

Alle heben die Hände halbhoch an, richten die Handflächen nach oben und drehen sich einmal um die eigene Achse.

FEIERLICHER SCHLUSSEGEN

Die Osterzeit ist eine Segenszeit. An acht Sonntagen haben wir in dieser Zeit den Segen gefeiert.

Diesen Segen wollen wir noch einmal zum Abschluss miteinander von Gott erbitten:

Wir strecken die Hände zu unserer Jesuskerze aus.

Wir zeigen mit unseren Händen, dass wir zu Jesus gehören.

Wir bleiben so eine kleine Weile ganz still stehen und schauen in unsere Mitte.

Guter Gott,
an Ostern feiern wir Auferstehung.
Du bringst uns deine Kraft.
Wir bitten dich:
Schenke uns deinen Heiligen Geist und segne uns damit.
Amen.

Mit dem Heiligen Geist gesegnet – Pfingstsonntag

Wir nehmen die Hände wieder zurück und fassen uns alle noch einmal an den Händen. Mit einem Händedruck wünschen wir uns einen frohen und gesegneten Sonntag.

Der Händedruck wird weitergegeben.
Eventuell kann das Lied mit dem Tanz noch einmal wiederholt werden.

REGISTER DER VERWENDETEN BIBELSTELLEN

Gen 1,1.11–12	Mai- und Wiesenandacht mit Gräser- und Blumensegnung
Gen 1,1.25c.27a.28a	Segensfeier anlässlich der Geburt eines Geschwisterkindes
Gen 9,11–13	Haussegnung
Gen 12,1–3	Segensfeier anlässlich der Verabschiedung der Vorschulkinder
Gen 28,12	Segensfeier anlässlich der Verabschiedung eines/r Gruppenleiters/in
Ps 23,1	Segensfeier zum Nikolaustag
Ps 121,2–3.5.7–8	Segensfeier zu Einschulung
Lk 3,21–22	Feier der Tauferinnerung
Lk 24,35–36.41a	Mit Freude gesegnet – 3. Sonntag in der Osterzeit (Lesejahr A, B)
Joh 10,2–4	Mit Geborgenheit gesegnet – 4. Sonntag in der Osterzeit (Lesejahr A)
Joh 10,14	Mit Geborgenheit gesegnet – 4. Sonntag in der Osterzeit (Lesejahr B)
Joh 10,27–28a	Mit Geborgenheit gesegnet – 4. Sonntag in der Osterzeit (Lesejahr C)
Joh 13,34	Mit Liebe gesegnet – 5. Sonntag in der Osterzeit (Lesejahr C)
Joh 14,1b.12a	Mit Liebe gesegnet – 5. Sonntag in der Osterzeit (Lesejahr A)
Joh 14,16–17a	Mit Frieden gesegnet – 6. Sonntag in der Osterzeit (Lesejahr A)
Joh 14,27	Mit Frieden gesegnet – 6. Sonntag in der Osterzeit (Lesejahr C)
Joh 15,7	Mit Liebe gesegnet – 5. Sonntag in der Osterzeit (Lesejahr B)
Joh 15,15	Mit Frieden gesegnet – 6. Sonntag in der Osterzeit (Lesejahr B)
Joh 17,6	Mit dem Namen Gottes gesegnet – 7. Sonntag in der Osterzeit (Lesejahr A)
Joh 17,6.11b	Mit dem Namen Gottes gesegnet – 7. Sonntag in der Osterzeit (Lesejahr B)
Joh 17,26	Mit dem Namen Gottes gesegnet – 7. Sonntag in der Osterzeit (Lesejahr C)
Joh 20,19a.20b.22b	Mit dem Heiligen Geist gesegnet – Pfingstsonntag
Joh 21,1–6	Mit Freude gesegnet – 3. Sonntag in der Osterzeit (Lesejahr C)
Kol 3,12a.13–15a	Segnung der Kinder zur Weihnachtszeit

Bibelstellenregister

KINDERGOTTESDIENSTE VON DIANA GÜNTNER

Unser Sonntag
12 Kindergottesdienste durch das Jahr
Mit vielen Tipps für die Praxis
Format: 13,9 x 21,4 cm, 160 Seiten, Paperback
ISBN 3-451-28363-8

12 erprobte Kindergottesdienste laden Kinder vom Kindergartenalter bis zu den ersten Grundschuljahren ein. Im Zentrum stehen Sätze oder Erzählungen aus der Bibel. In ihnen wird die Begegnung mit Gott gesucht und erfahren. Dazu werden sinnliche Zeichen und Formen der Liturgie genutzt.

26 Fragen und klare Antworten bereichern das Buch: Fragen, die bei der Vorbereitung eines Kindergottesdienstes immer wieder auftauchen, und Antworten - aus der Praxis geschöpft und liturgisch reflektiert -, die Sicherheit geben.

23 wunderschöne Lieder im Anhang laden dazu ein, mit Kindern schwungvoll und einfach Gott zu loben.

Jeder Gottesdienst beginnt mit einer Einführung, die knapp und übersichtlich einen schnellen Zugang zu dem Gottesdienst ermöglicht - mit Angaben über die zugrunde liegende Idee, das benötigte Material und Vorschlägen zur Gestaltung des Stuhlkreises.

In jeder Buchhandlung

HERDER

MIT KINDERN DEN GLAUBEN FEIERN

Esther Kaufmann / Meinulf Blechschmidt
Wo wohnt unser Gott? – Kinder- und Familiengottesdienste
Format: 13,9 x 21,4 cm, 184 Seiten mit zahlreichen Abbildungen, Paperback.
ISBN 3-451-28097-3
Zwölf ganzheitliche Gottesdienste im Kirchenjahr führen konkret, sinnlich und einfach zu einem Feiern vor Gott und mit Gott. Die Modelle lassen sich für Kindergottesdienste verwenden, eignen sich aber ebenso zur Gestaltung von Familiengottesdiensten, in denen Erwachsene und Kinder gemeinsam ihren Glauben feiern.

Petra Focke / Hermann Josef Lücker
Denn du bist bei uns – Kinder- und Familiengottesdienste im Kirchenjahr
Format: 13,9 x 21,4 cm, 192 Seiten, Paperback. – ISBN 3-451-27727-1
20 Kinder- und Familiengottesdienst-Modelle im Jahreskreis, die leicht umgesetzt werden können. Die Anlässe und Feste werden jeweils mit einem Anspiel auf kindgerechte Weise unkompliziert und spielerisch aufgegriffen. Alle Vorschläge sind komplett ausgearbeitet mit Ansprachen, Liedvorschlägen und Erklärungen zur Botschaft des jeweiligen Gottesdienstes.

Manuela Treitmeier
Unser Jahr in Brauchtum und Festen
Für Gemeinde, Schule und Kindergruppen
Format: 13,9 x 21,4 cm, 128 Seiten mit zahlreichen Abbildungen und Liedern, Paperback.
ISBN 3-451-27724-7
Ein hilfreicher Begleiter durch den Jahreslauf, um Zeiten und Feste passend zu gestalten. Das Buch enthält Sachinformationen, Bausteine, Arbeitshilfen und viele Ideen, Geschichten, Lieder und Bilder für die Arbeit in Gemeinde, Kindergruppen und Grundschule.

In jeder Buchhandlung

HERDER

PRAKTISCHE MATERIALBÜCHER – MIT CD-ROM

Heriburg Laarmann
Das große Buch der Familiengottesdienste
Symbole und Märchen erzählen von Gott
Format: 17,0 x 24,0 cm, 224 Seiten mit zahlreichen s/w-Illustrationen,
gebunden, mit beigefügter CD-ROM
ISBN 3-451-28474-X
Die schönsten Familiengottesdienste der bekannten Autorin Heriburg Laarmann. Alle Beispiele sind vollständig ausgeführt und dem Kirchenjahr sowie besonderen Anlässen im Leben der Gemeinde zugeordnet. Sie zeichnen sich durch eine Fülle origineller Ideen aus, in der auch die Botschaft der Märchen und Symbole für den Glauben fruchtbar wird. Durch Rollenspiele, Aktionen, Gebet und Tanz werden Kinder, Jugendliche und Erwachsene eingeladen, den Glauben gemeinsam zu erleben.

Kerstin Kuppig
Das große Werkbuch Religion
Eine Ideenkiste voller Geschichten, Bastelanleitungen, Spiele und Lieder
für Kindergarten, Schule und Gemeinde
Format: 17,0 x 24,0 cm, 224 Seiten mit zahlreichen s/w-Illustrationen,
gebunden, mit beigefügter CD-ROM
ISBN 3-451-28377-8
Eine Ideenkiste prall gefüllt mit konkreten Vorschlägen, wie Kindern zwischen 5 und 14 Jahren religiöse Inhalte vermittelt werden können. Inhaltlich geht es um fünf Themenkrise: Menschen der Bibel, Gottes Schöpfung, unsere Kirche, Feste und Brauchtum im Jahreskreis, emotionales und soziales Lernen. Durchgehend praxiserprobte Vorschläge reichen von der Stillbeschäftigung bis hin zu Gruppenaktionen. Die jeweiligen Einheiten dauern von 10 bis 45 Minuten. Kurze Angaben zu Material und Vorbereitung erleichtern eine treffsichere Auswahl. Ein Buch für Seelsorger, Lehrer, Eltern Erzieher und Gruppenleiter.

Wolfgang Gies (Hrsg.)
Das große Buch der Krippenspiele
Format: 17,0 x 24,0 cm, 208 Seiten mit s/w-Illustrationen,
gebunden, mit beigefügter CD-ROM
ISBN 3-451-28209-7

Dieses Buch bietet eine weit gefächerte Auswahl: vom Stegreif-Mitspieltheater für die Kleinsten über das kreative Spiel mit Licht und Schatten bis zum anspruchsvollen Singspiel oder Bühnenstück für Kinder aller Altersstufen. Traditionelle Hirtenspiele stehen neben experimentellen Improvisationen. Eine wahre Fundgrube für alle, die auf der Suche nach geeigneten Krippenspielen für verschiedene Bedürfnisse in Kindergarten, Schule und Gemeinde sind.

In jeder Buchhandlung

HERDER

BUNT ILLUSTRIERTE KINDERBIBELN

Ursel Scheffler, **Herders Kinderbibel**

Format: 20,0 x 23,8 cm, 224 Seiten durchgehend farbig illustriert von Betina Gotzen-Beek, gebunden, ISBN 3-451-27999-1

80 Geschichten aus dem Alten und Neuen Testament - spannend erzählt von Ursel Scheffler. Sie lassen das Wunder von der Erschaffung der Erde lebendig werden, nehmen die Kinder mit auf die Arche Noah, begeben sich mit Abraham auf Wanderschaft, lassen mitfiebern bei den Abenteuern von Josef und seinen Brüdern... Natürlich sind auch die wichtigsten Jesus-Erzählungen bis hin zur Weihnachts-, Oster- und Pfingstgeschichte in Text und Bild so ausdrucksvoll dargestellt, dass die Kinder sie unmittelbar verstehen können.

Elmar Gruber, **Die Bibel in 365 Geschichten erzählt**

Format: 16,8 x 24,0 cm, 416 Seiten durchgehend farbig illustriert, gebunden, ISBN 3-451-28009-4

Der Bibel-Klassiker: das Alte und neue Testament in 365 Geschichten spannend erzählt von Elmar Gruber. Die Geschichte Gottes mit den Menschen und das Leben Jesu von Nazaret zum Lesen und Vorlesen. Das große biblischen Geschichtenbuch, das sich auf das Wesentliche des Glaubens konzentriert und Glauben und Leben in faszinierender Weise verbindet.

Meine allererste Bibel – Erzählt von Christiane Heinen

Format: 15,0 x 19,0 cm, 416 Seiten durchgehend farbig illustriert von Leon Baxter, gebunden, ISBN 3-451-26480-3

Die erste Bibel für Kinder. Die schönsten biblischen Erzählungen, sorgfältig ausgewählt, ideal für das erste Kennen lernen der Bibel. Die Geschichen sind leicht zu verstehen. Es macht Freude, sie zu hören, sie zu erzählen und zu lesen. Mit farbigen und heiteren Illustationen, die die Erzählungen zu sprühendem Leben erwecken.

In jeder Buchhandlung

HERDER

Diana Güntner
Segensfeiern mit Kindern